LACITO-ASIE

———— 1 ————

MAURICE COYAUD (ÉD.)

LITTERATURE ORALE

SOMMAIRE

Publié avec le concours
du LP 3-121 du CNRS
Laboratoire des Langues et Civilisations
à Tradition Orale

LES AUTEURS

Maurice COYAUD, Maître de Recherche au C.N.R.S., Responsable de la Section "Asie-
    Amérique" du Département "Austro-Asie-Amérique" du Laboratoire des Langues
    et Civilisations à Tradition Orale (LP 3-121 du CNRS).

Michel FERLUS, Attaché de Recherche au C.N.R.S., Membre du CEDRASEMI (Centre d'
    Etude et de Recherche sur l'Asie du Sud-Est et le Monde Insulindien)·

André-Georges HAUDRICOURT, Directeur de Recherche au C.N.R.S., Directeur du Dépar-
    tement "Austro-Asie-Amérique" du Laboratoire des Langues et Civilisations à
    Tradition Orale (LP 3-121 du CNRS).

ISBN 2 85297 098 8
© SELAF-PARIS, 2me trimestre 1977
Tous droits de reproduction, de traduction et d'adaptation réservés.

Réalisation technique :
    Dominique CHAMBARON, photogravure
    Antoine de KERVERSAU, imprimerie

PRESENTATION

Depuis trois ans,le Séminaire d'André Haudricourt à
l' Ecole des Hautes Etudes en Sciences Sociales,IO rue de
Tournon, consacre une partie de ses activités à analyser
des contes paiwan recueillis par Asai et Ogawa.
à Taiwan. On s'aide bien entendu des mot-à-mots et des
traductions courantes japonaises,confrontés aux données
du dictionnaire de Ferrell. Nous donnons ici quelques uns
des contes étudiés : il ne s'agit pas d'un travail achevé,
loin de là, mais d'une première mise en forme seulement.

Au cours de son séminaire semestriel au Service de linguistique de l'Université Paris-6,Maurice Coyaud a présenté
en 1975 et 1976 le mot-à-mot de deux contes siamois à ses
étudiants :il en donne ici la traduction courante.

Il fournit ensuite le mot-à-mot d'un conte coréen[*],et
Michel Ferlus donne enfin le mot-à-mot d'un conte khamou
et d'un conte phou noy.

[*] Etudié au cours du séminaire 1976-1977

CONTES PAIWAN

1. Phonétique

p t ts tj(=c) k(=ʔ) q s   d (=ḍ) ,ḷ(=1) ,1(=ḻ)

b d z dj(=ɉ) g   i(=e)   u(=o)

m n   ŋ   ə(=ɨ,œ)

a

Asai et Ogawa (que nous suivons ici)
ont une notation phonétique,non

phonologique .Entre parenthèses :les symboles employés par Asai-Ogawa,

quand ils diffèrent de ceux de Ferrell.

2. Abréviations

AF ,OF,RF,IF :focus agent,objet,relatif,instrument.

	"s'exercer"	"parler"	"piquer"
AF	ki-tsaquan	ki-lavaran	
OF	∅	∅	tsiluju-i
RF	ki-tsaquan-an	ki-lavaran-an	
IF	si-tsaquan	si-ki-lavaran	

imperfectif par redoublement ,ex.: ʔi-tsaqoaqoan (texte 6.20)
   (conatif)   ʔi-vaŋavaŋ   ("   7.8)

acc. "accompli",noté parfois "passé"

imper. "impératif" -u , ex.: vaik-u "va!" (6.22)

caus. "causatif" pa- ,ex.: pa-kan-i "nourrir"(6.14)
                            pa-kaivi "épouser" (7.15)

loc. "locatif" -an

np. "nom propre"

th. "thème" .dénomination conventionnelle : le ʔa est très délicat)

refl. "réfléchi" ,ex.: ʔi-saikuja "se fâcher"

5. Ti sapulalujalujan ati sasimidaḷu

1.uzai   a sitsoajaᶇ ti sapulalujalujaᶇ; na-   vaik a ʔi- sᵻqas
il y a/th./ jadis/ th./ ᴨp./   /déjà/aller/th./ /couper/

to sᵻ- cᵊavu:das// 2·nakuja aravats ʔa sikudaᶇ nᵊa sᵻ-cᵊavu:das
/tribu/   méchant/très/ th./actiᵊns/de/tribu/

a tsautsau// 3.tsug ʔa ts-ᵻm- akau marʔa s-ᵻm-qas   toa tsautsau//
th./gens// beaucoup/th./dérober/   ᵊu/ couper /   /gens//

4.qau ḷimutsᵻᶇ ti sapulalujalujaᶇ// 5.mirava sa   vaik ʔa ʔi-sᵻqas
alᵊrs/fâché/ th./   //se prépare/et/aller/th./ /cᵒuper/
                                                          combattre

toa sᵻ- cᵊavu:das// 6. qau jᵻmaluᴨ i cᵊa   qenalan nᵊa sᵻ-cᵊavu:das/
/tribu/   //alᵊrs/arriver/ à/ endrᵊit/village/de/tribu/

7. ʔi- sᵻqas -an   ni sapulalujalujaᶇ ʔa sᵊcᵊavu:das ʔa ḷima ʔa
/couper/lᵊc./ par,de/   th/tribu/   /th.cinq/th./
combat

qadau //8.laʔᵊa matᶘiɟil ti sap lalujalujaᶇ;cᵊrᵊve ʔa sᵻ-cᵊavu:das
jᵊurs//mais/   tout seul/th./   /en foule/th./tribu ...

//9.qau ini vaḷa   ti sapulalujalujaᶇ;qᵊetᶘiin   aᴨa nᵊa sᵻ-
alᵊrs/ᴨeg./vaincre/th./   /tué par / accompli/ de/tribu/

cᵊavu:das//10.qau sa tsᵻḷuɟu - i aᴨa tᵊa kavajaᶇ ʔa qᵊḷu atᵊa tsoqᵊḷal
//alᵊrs/et/piquer/OF/accompli/ᵊcc./bambou/th./crâne/et/ᵊs//

11.manu uzai a alak   ni sapulalujalujan; ti sasimidaᶩu ʔa

alors /y a/ th./enfant/de/ S.   ; th./ S.   /th./

ŋadan//12.qau   mᴂqatsa azoa ʔivadaq   toa kina//13."tima ʔu kama

nom//   alors/ grandir/ ce/ interroger/sa/mère//   qui?/mon/père/

ina //14.aqo   nᴂka   ʔu kama i cumaq " aja-in   ʔa kina //

maman//pourquoi/pas là/mon/père/à/intérieur/passif / th./mère//
                                            dire
                                       maison

15.laʔoa ma-rᴂkuc ʔa kina ʔa c- ᴂm- umal to qeintsi noa sᴂ-coavu-

   mais/ peur/   th./mère/th./ dire /   que / tué / par/tribu/S.
                                   révéler

das//16 ma-rᴂkuc to vaik anan   ʔa ʔikoaŋ toa sᴂ-coavudas//

     état/peur /que /aller/derechef/th./fusillé/par/tribu/ C.

17.laʔoa mano vaik a ʔivadaq   toa qaᶩeqaᶩi ti sasimidaᶩu //

   mais/alors/aller/th./interroger/   /autrui/th./S.

18.mano cumal-an noa qaᶩeqaᶩi//19.qau k-ᴂm- ᴂlaŋ aŋa   ti

   mais/révélé/   /par/autrui// alors/ savoir   /passé/th./

sasimidaᶩu ;to q-ein-tsi ʔa kama noa   sᴂ-coavudas//20."nu maitazoa
            /tué/   th./père/par/tribu/ C.   //   si/ainsi/

vaik aʔᴂn ʔa ʔe-qolis toa sᴂ-coavudas//21.aja ki-   nᴂmnᴂm//

aller/je/ th./me/venger/ des/   dit/soi-même/penser//

21.qau ini cumal toa kina //22.vaik ti-maᶩu ʔa sma   coa

   alors/neg./dire/à la/ mère// aller/tout seul/th./partir/lieu/

qenalan noa sᴂ-coavudas//23.sa ʔi-koaŋ-i ʔa sᴂ-coavudas//

village/de/   pour/fusiller/th./

12.F.maqatsa "croissance"; ki-vadaq : ki- "obtenir"
13. ʔu > ku "mon"; 15.c-ᴂm-umal , 18. cumal-an , 21. cumal "dire,révéler"
20. ʔe-qolis > ki-qolis ; 21. ki- "soi-même"; 22. F.sa "partir,pour";
    sa-u"vᴂl ki-pu-sa-u "faire un pot d'adieu" ;
23. ʔi-koaŋ-i cf.16 ʔi-koaŋ

24.azoa ti sasimidaɟu saigu aravats ʔa ʔi-sáqas //25.qau ini aŋa
   ce/th./   bien/très/ th./attaquer//   alors/neg./passé/

vaɭa   ʔa sá-coavudas//26.qau ɟumak-án ʔa tsoqoɭal atoa qoɭo
vaincre/th./   alors/trouvaille/th./squelette/et/crâne/

noa kama// a s-in-i-pa-tsáɭuɟu toa kavajan//27. qau aɭapán nimaɟu
de/père/ th./ fiché /   sur/bambou// alors/ prise/ de lui/

sa pa-látákoi sa qoepoi   ʔa tsoqolal//28.qau sa ʔisánai nimaɟu:
et/enlever / et/ramasser/th./squelette//alors/et/chant /de lui/

"kuda ma- pa-   tsatsaitsain ʔa tsoqoɭal ni ama"//29.qau ma-pa-
et si/état/caus./s'attacher/ th./os/   de/papa// alors/état/caus./

tsatsaitsain ʔa tsoqoɭal noa kama//30."kuda pu- sáti ti ama "//
s'attacher/th./os/   du/père// et si/ naître/chair/th./papa//
                                           produire

31.pu- sáti ʔa kama//32."kuda ʔi- lavar- an ti ama "//ʔʔi-lavar-
naître/chair/th./père//et si/récip./parler/loc./th./papa//récip./par-
                                                                 ler

an ʔa kama//34.qau mávalut- aŋa ʔa kama//35.qau mi- rava -ŋa
loc./th./père//alors/ réssuscit/ -a/th./père//alors/se/prépar-/èrent

tiamaɟu//36.qau sa vaik- aŋa cumaq//37.qau ɟ-ám-alun i gadágadá//
ils// alors/ et/all-/ èrent/maison//alors/arriver/sur/cime du mont//

38.pánanaŋ ti sapulaluɟalujan//39.qau ɭ-ám- adáŋa ʔa i-cumaq//
   péan / th./   alors/entendre   /th./maisonnée//

40."aqo uzai azoa pánanaŋʔ mato ti S. " aja ʔa qaɭeqaɭi//41.pánanaŋ
pourquoi/y a/de lui/ péan ʔ/manière/th./S./dire/th./gens// péan

---

27.pa-látáko-i , qoepo-i ;28. ma-tsatsain "être mariés";ki-tsain
"s'agripper"; 39. ɭadŋa cf.F. laŋda "entendre" (métathèse)

uta   ti Sasimidaɬu//42.qau ladɨŋan noa qaɬeqaɬi//43."aqo

à son tour/th./   //alors/entendu/par/ gens//   pourquoi/

uzai azɵa s-in-i-pɨnanaŋ//44.mato ti sasimidaɬu " aja ʔa qaɬeqaɬi//

y a/son/ instr./péan// pareil / th./ 5.   /dire/th./gens//
                       manière

45.qau viɬiviɬiɬan-aŋa pɨnanaŋ- aŋa   tiamaɟu ʔa madusa//46.mintoʔ

alors /en dernier/passé/péan/passé/ ils / th./2 hommes// à voir/

sa ɬiŋul - an noa qɵlivaŋrau   to ma- san- i-ɬima -l//47.qau

et/entourer/loc./par/arc-en-ciel/   /état/devenir/5 couches//alors/

vaik tiamaɟu ʔa cumaq//48.ɟ -ɨm-alun tiamaɟu kamajan   anan ʔa

aller/ils/ th./maison// arriver/   ils/ à toute force/déjà/ th./
                                                   encore

qolivaŋrau //49.qau maŋciz ʔa qaɬeqaɬi ʔa ʔeqoenic//50.sa pa-kaɬuva-i

arc-en-ciel//alors/venir/ th./gens/   th./regarder// et/caus./accueil/

aŋa tiamaʒu ʔa madusa//51.qau zɨmian   ʔa qaɬeqaɬi ʔa ta-puɬoq ʔa

passé/ils / th./2 hommes/alors /danser/ th./gens/ th./   dix/ th./

qadau// 52.marʔa kɨ - vava // 53.qau sa san- mazazaŋilan-i aŋa

jours// ou bien/boire alcool//alors/et/devenir/ chefs   /passé/

ti sapulaluɟalujan ati sasimidaɬu

th./   /et/

6. Cugḻui atoa ŋa:ŋai

I.izoa sitsoajan marʔ alaalak   ʔa macɨḻu   //2.uzai a alak
être/jadis / mutuel /enfants/ th./trois personnes//y a/ th./enfant

noa kina ʔa   ḻumɐmad anan//3.qau si-pa-sɨval
de/mère/th./   bébé/encore// alors/ caus./mettre sur
                                                        le dos/

toa alak ʔa cala-vuḻuvuḻuŋan ʔa vavajan//4.qau sa vaik a kina
/enfant/th./ aîné   /th./ fille// alors/et/aller/th./mère/

ʔa   ʔivorasi //5.manu tsoaj   aŋa aravats qoemaoŋ ʔa kɨdkɨdi //
th./arracher// alors/longtemps/passé/très/pleurer/th./enfant//
    patates//

6.qau katsuin   nazoa cavuḻuŋ   ʔa kaka   pasa coa kina//
alors/emmener pas-/ce/ aînée/ th./ soeur/ côté/ lieu/mère
         sif

7.qau ʔilavaran ʔa alak ʔa calavuḻuvuḻuŋan//8."so-   alap-u
alors/dire   /th./enfant/th./ aînée   // prends!impératif

ti adiŋ   ʔa qoemaoŋ " aja-in ʔa kina//9.laʔoa "galu   anan;
th./fiston/il/pleure/dire/passif/th./mère//mais/attends!/encore/
                                                          lent

ʔivorasi anan aʔɨn" aja kina//IO.qoemaoŋ aravats ʔa kɨdikɨdi//
arrache/ encore/je/ dit/mère// pleure/de plus belle/th./bébé//
patates/   kid!

II."so-alap-u ti adiŋ " aja-in anan uta   ʔa kina//I2.laʔoa
    prends! /le/fiston/dire/passif/encore/derechef/th./mère/mais

ini so-alap-i   anata   //I3.qau k-ɨm-an to tsɨnɨl//I4.ini
neg./être pris/néanmoins// alors/ mange/   /déjeuner// neg.

pa-kan-i //I5.qau ʔi ·san-kuja   azoa kakɨdian //I6.vaik n
caus./manger//alors/se fâcher/ ces/ enfants// aller/ th./

sma qaɲaz
vers/bord du champ//

I7.qau sa pɨdii ʔa siala atoa caᴊikuval to
alors/ fendre/th./pagne pour /et /toile à paquets// afin de
porter bébé

san-paᴊal- ɨn niamaɟu ʔa madusa // I8. qau ʔi- tsaqo-an tiamaɟu
faire/ailes/ /ils/ th./2 personnes//alors/ s'exercer/ ils

ʔa miᴊajap// I9.qau tsoaj- aɲa aravats vaik-ɨn ʔa karem
th./voler// alors/longtemps/passé/très/ aller/obɟ. /th./recherche/

noa kina //20.mintoʔ ʔi-tsaqoaqo-an ʔa miᴊajap//2I."aqo mait-azoa
de/mère//à voir/ exercice impeɾ./th./voler//pourquoi/ ainsi

azoa mun " aja-in noa kina ʔa ʔilavaran ʔa kakɨdian//22."vaik -u
ce/vous/ dire/ /de/mère/th./parole/ th./enfants// aller/imper./

ʔa cumaq"" aja-in azoa kakɨdjan//23.laʔoa ini ʔi- saᴊu ʔa vaik//
th./maison/dire/ /ces/enfants// mais/ neg./accepter/ th./aller

24."more ma- san qajaqajam amɨn" aja ʔilavaran toa kina//
vouloir/état/devenir/oiseaux/nous/ " dire/parler /à la/mère

25.qau ʔagaraŋ-an noa kina//26.miᴊajep ʔa maviᴊad ʔa sma tsɨmtsɨm-
alors/blâmés/par/ de/mère//s'envoler/th./fuir/ /th./vers/forêt
être effrayé

ɨᴊ//27.qau azoa kakɨdjan ma- lavar tiamaɟu //28."tisun ʔa ᴊajap-u
alors/ces/enfants/état/ parler /2 personnes//toi!/th./envole-toi!

ʔa maʔa kaᴊɨdɨp/ ti-aʔɨn ʔa maʔa maza aʔɨn i katsudas"aja-in
th./passer/ouest/ moi/th./passer/ici/je/ vers/est/ dire/passif

noa cavuᴊuŋ ʔa calalak//29.qau more ma- vadai aɲa tiamaɟu
de/aînée/ th./ cadet/ alors/futur/état/séparés/passé/2 personnes

---

17. F : siala "liane de portage"; caᴊikuval "pagne pour porter bébé".
19. F : kmim "chercher-agent", kim "chercher"; karakim "chercher partout"
21. F : 2 pl. suffixée. 23. F : ma-salu "croire", ki-salu "promettre"
24. F : qaja "omen bird". 25. F : *kagaraŋ-an "exciter la colère de"
magaraŋ "blâmer"
26. F : tsɨmɨl "plantes sauf arbres". 28. F : lɨdɨp "plonger".
28. tsudas "surgir", ts-ɨm-udas "faire jour".

macacukcuk // 30.qau sa ʔalavar "nu   mɨtsɨvuŋ   icɨn ula

//alors/et/discuter/temps/se rencontrer/nous/peut-être/

qoḍa-qoḍas-an   aŋa"   aja tiamaɟu //31.qau milajap aŋa

à cheveux blancs/accompli/dirent/ils// alors/s'envol- /èrent/

tiamaɟu ʔa mavadai ʔa maḍusa // 32.qau mɨtsɨvuŋ   tiamaɟu

ils   /th./se séparent/th./les deux//alors/se rencontrent/ils/

ʔa qoḍa-qoḍas-an aŋa tiamaɟu ʔa qajaqajam// 33.qau ma-lavar anan

th/tout chenus/accompli/ils/th./   oiseaux//alors/discuter/déjà/

tiamaɟu uta // 34."tisun ŋaːŋai ajaw- aŋa   tiaʔɨn cuglu:i

ils/de nouveau//   toi!/   /crier/accompli/moi/
dire

aja- ŋa aʔɨn nu   zɨmain " aja-in ʔa cal-alak

dire /accom./je/temps/crier/ dire/passif/th./ cadet //
crier

35.avan siʔa   uzaj-aŋa noa cugɭui atoa ŋaŋai totsu

ce   /cause/y avoir/accompli/de/   /et/   / actuellement

---

30. icɨn "nous inclusif" cf. 24. amɨn "nous autres, exclusif";
excluant leur mère, à qui ils s'adressaient.

7. Maqenatsap ?a sqaɬu

I.?a sá – sitsoajan masáŋats ?a sá- puŋudan ?a vaik a pai-k-in-
th./ jadis/ jalouser/th./tribu/ /th./aller/th./ viande

oril toa sqaɬu //2.manu ɬimutsiŋ ?a sqaɬu mirava sa vaik
séchée/vers/ //mais/ se fâcher/th./ /préparer/et/aller/

a sma puŋudan ?a maqenatsap//3. jámalun tiamaɟu ?e- qeila i
th./vers/ /th./ // arrivés/ ils/ / furtif,en
cachette /

pasu-ɬau-ɬauz ?a narámaoŋ toa sá- puŋudan// 4.manu láŋ-láŋ-an
en bas /th./embusqués/ /tribu- //mais/ remarquée/

?a buɬabuɬai ?a vavajan//5.qau macacumacumal tiamaɟu//6/ to uzai
th./beauté/ th./femme// alors/discuter ensemble/ils// chose/y a/

a buɬabuɬai ?a vavajan//qau malavar tiamaɟu "jaqi maja ŋa
th./beauté/th./femme//alors/parler/ils /assez!/prohibitif/modal/

qoemtsi ?a sá-puŋudan// 8/ naŋaq a vaik icán ?a ?ivaŋavaŋ tazoa
tuer/ th./tribu- // bon/ th./aller/nous/th./promener/ cette/

buɬabuɬai ?a vavajan" aja tiamaɟu//9.qau soaɬapán ?a cakit//IO.
beauté/ th./femme/ dire/ils// alors/ est pris/ th./ couteau//

F.ma-kinatsap "aller à la chasse aux têtes"; se-qalu "Paiwan eas-
tern village"; qalu "porter à plusieurs"; I.k-ím-oril "sécher";
F. koril "aliment non lavé"; 3. jalun "arriver", q-oem-ila "cacher";
ki-qíla "se cacher" ; lauz "aval,côté de la mer"; raoŋ "affut"
na- "augmentatif;action presque terminée,mais arrêtée";buɬai "beau"

10.sa kájaj-an   toa   jajalap i tsasau//11.ma-vukuts ?a

et/accrocher/instr./à/ arbre   /à/extérieur//recourbé/th./
             loc.

jajalap   toa inajiau noa cakit//12.qau sa vaik tiamaju ?a

arbre   / pour/beaucoup/de/couteau//alors/et/aller/ils/ th./

?ivaŋavaŋ ?a sma coa bujabujai ?a vavajan//13.qau sa pakaivi aŋa

    jouer /th./vers/lieu/beauté/th./femme//alors/et/ épouser/accompli/

azoa bujabu jai ?a vavajan//I4.manu jámalun i qaju sa more

cette/beauté/de/femme//   mais/arriver/ vers/   /et/futur/

?isujuan//15.manu náka no nimaju uzai a iku: //16.qau "kudain

croisement//mais/neg./ de/vagin/ y a/ th./queue// alors/ comment?/

aŋa   tsu ?a náka no nimaju " aja sqaju //17.manu j -ám- alun

accompli/ce/th./neg./de /vagin/dire/   //mais/   arriver/

toa si?apuduan   noa vato //18.minto? uzaj- aŋa ?a nimaju //

vers/époque de rut/du/chien//à voir/ y a/accompli/th./vagin//

I9.sa ?ivadaqe aŋa azoa vavajan to   tima kama to kima   kina //

et/interrogée/accompli/cette/femme/que:"/qui?/père/que:"/qui?/mère//

20. qau cámumal azoa vavajan "tsautsau ?a ?u kina ,vato ?a ?u kama

alors/rire/cette/femme/ homme:humain/th./ma/mère/chien/th./mon/père/

aja cámumal//21.qau nu poalak azoa vavajan//22.dusadusa no poalak ?a

dire/dire//alors/quand/enfanter/cette/femme/deux   /temps/enfanter/th.

kintal
d'un coup.

I4. ?i-suju-an "copuler"< ki-suju
I7.mapudu "gonfler" ;si- "cause"

8. Marḍava ati sakidadau
"amies" "et"

I.uzai a marḍava //2 ʔa maisu isu i vavau toa qeinalivan//
y a/th./amies//   th./piler millet/ en haut/du/ toit//

3.mano latɨko aravats ʔa Kaḻuv-ḻuvan / saqcu aravats ʔa qadau//
mais/ bas/ très/ th./ ciel   /fait mal/ très/ th./ soleil//
                                      pénible

4.qau ma-lavar azoa marḍava/ "aqo saqcu   aravats ʔa qadau
alors/discuter/ ces/amies/ pourquoi?/fait mal/très/th./soleil//

5.paoḻa-n   to ca tsɨk-tsɨk-an toa qasiḻu " aja matṣiṣil//
ennuyeux, cela/de nous/piquer   /avec/pilon/   dit/une personne/,

6.minto? si-paḻut   aʔ ts-ɨm-ɨk-tsɨk//7.qau mavutsa -ŋa
soudain/exécuter résolument/th./ coup pointé//alors/aveuglé/accompli

ʔa qadau ʔa ita //8.avan aŋa azoa qeilas //9.qau tsaḻugtsug aŋa
th./soleil/ce/un//celui-là/est/ cette/lune//alors/grondement/accom-
                                                              pli/

ʔa kaḻuvḻvaм ʔa lɨvavau//IO.manu zɨmain ti sakidadau//II.qau
th./ciel/ th./s'élever//une fois/chanter/le/   /alors /

ma-rɨkuc ʔa marḍava// I2.qau ma-viḻad ʔa marḍava ʔa sma pasa
apeurées/th./amies//alors/ fuir   /th./ amies /th./vers/lieu/

ḻikuz toa vaqo //I3.laʔoa ḻaiŋɨn ni sakidadau//I4.sa
derrière/de/millet//mais/poursuivies/par/   et

ḻamɨqei sa pa-tsasavi //I5.qau ʔi-lavar-an ti sakidadau//
attrapée/et/débusquée//alors/ parler / le/

---

1. mar- "action faite à deux"; 2. pa-isu "piler"; qaliu "toit";
3. kaḻuvḻuvan "le vertigineux"; 6. si- "instrumental"; 7. matvutsa "avoir mauvaise
vue; 9. tsugtsug "cognement"; 12. cf. FERRELL sma-vaqo; 14. jamɨq "atteindre";
tsatsau "extérieur"; pa-tsasavi "faire sortir".

16."qeɭaɟu toa tataqan /ʔu tsavuɭidau sun " aja ti sakidadau
assieds-toi/sur/meule à aiguiser/mon/portage/toi/ dit/le/
fardeau

17. "ini: ma-rkuc aʔin toa su ɟu:i " aja azoa vavajan//.18.
non!/ apeurée/je dat./ tes/épines/dit/cette/femme/
avec

laʔoa pitsipitsin sa pa-qeɭaɟi ni sakidadau//19.sa tsavuɭidi ʔa pasa
mais/embrassée/et/mise sur le dos/sur/ et/portée/th./direc-
tion

cumaq toa tapau ni sakidadau sa pu-ve ɭavi aŋa//20.qau tsoatsoaj
dans/de/maison/de/ et/épousée/accompli/alors/longtemps/

aŋa vaik a vinatɔeq//21.mano ɟumaqɔen ʔa tseqau ʔa ɭiaɭiau //22.
accom./aller/ce/lavage/mais/remarquée/th./poissons/th./foule/

qau ɟamiqɔen nimaɟu sa katsui ʔa cumaq qau sa san ɟamai //23.qau
alors/attrapés/par elle/et/portés/th./maison/alors/faire/cuire/alors/

maʔa kan tiamaɟu //24.mintoʔ saqcu ʔa cial//25.qau nusaoni
après/manger/ils/ soudain/avoir mal/th./ventre/alors/ après/

"pu-saɭaɟi aʔin ʔa pu-tsaqei " ini a tsoai uta "pu-saɭaɟi aʔin
aide/ moi/ th./ faire caca/ " non!/ce/longtemps/encore/aide/moi/

ʔa pu-tsaqei " aja azoa valau//26.manu ma-supiɭ aŋa ti sakidadau//
th./chier/ dit/cette/femme/ alors/accompagner/accompli/le/
épouse fatigue

27.ma-tsiɭaqot aŋa aʔin ʔa vaik" aja ti sakidadau//28.qau vaik azoa
embêtant!/accompli/je/th./aller/dit/le/ alors/va/cette/
renacler

vavajan ʔa matsi ɟil saʔamaja pu-tsaqei//manu maʔa pu-tsaqei azoa
femme/th./ seule/ seulement/chier/ alors/après/chier/ cette/

vavajan/qau ʔi-lavar-anan ʔa tsaqei nimaɟu "nu qɔemaqeivu ti
femme/alors/se laisse dire/th./étron/ d'elle/"quand/appellera/le

16. tma'aq "aiguiser" 18. pitspits "battre des ailes"; pa-qeɭaɟ-i "fait asseoir".
19. tapau "maison aux champs" 20. vatiq , v-n-atiq "laver". 21. ɟumaq
"trouver". 22. ɟamiq "atteindre une cible"; sman "faire"; ɟamai "plat d'ac-
compagnement". 25. mar-saɭaɟ "deux compagnons". 29. qɔvu "appeler"

sakidadau a: ajav aŋa " aja-in   ʔa tsaqei//30.qau timaɟu
     "aa" /dis/ !/ se laisse dire/th./étron//alors/elle-même/

ma-viḻad aŋa   sma cumaq //3I.qau no qoemaqeivu ti sakidadau//
rentrer/accompli/ vers/maison// alors/quand/appelle/ le/

32.a: aja azoa tsaqei//33.no qaqeivuin uta   a: aja azoa tsaqei//
    dit/d ce /étron/quand/est appellé/derechef/   /dit/cet/étron//

34.qaqevuin anan uta   a: aja uta ʔa tsaqei//35.qau samali ti sakida-
est appelé/derechef/   /dit/derechef/th./étron//alors/surpris/le/

dau//36."makuda azoa tsautsau /aqo   tsoai   aŋa   aravats / ʔa
    comment?/cette/personne/pourquoi/longtemps/!/ très/   ce

ini pancinciz " aja timaɟu //37.qau vaik-ɨn   ʔa ʔeqoenic//38.minto?
neg./revenir/   dit-/il// alors/ aller   / th./ voir/ alors

avan   aŋa tsa:qei saʔamaja //39.qau ḻimutsin ti sakidadau siqaqoeɖu
exactement/être/ étron/seulement//alors/ fâché/ le /   /bander/

toa nimaɟu /sa pu-sapui ʔa qatsilai /ʔa tsɨtsɨkan   toa nimaɟu
/ il/   et/faire feu/th./pierre/ th./être frappé/

---

39. si-qaqoeɖu ' faire devenir rigide son pénis".

1. Ti Sapulalujalujan

Sapula... se disputait beaucoup avec sa femme ; même au moment des repas,il ne lui donnait pas à manger,il la frappait.Alors,sa femme se fâcha,entra dans un trou d'arbre qatso. Quelque temps après,Sapula prit une hache,abattit l'arbre,pour extraire sa femme. Il y eut un bruit ton , et la femme s'envola vers la mer. Sapula était bien embêté.Il appela les villageois pour aller à la chasse. Alors Sapula dit:-"Moi,je vais sur le rivage ; vous,allez sur les pentes !" Mais,du côté des villageois,pas de gibier.Ce qu'ils pour suivaient,ce n'était que serpent et blaireau. Alors,les gars disent inquiets :-"Pourquoi n'y a-t-il pas de gibier ?" interrogeant Sa- pula. Celui-ci :-"Même des serpents et blaireaux,tuez-les! " Lui- même,du côté de la mer,tout ce qu'il faisait,c'était de crier en pourchassant le gibier.Mais il n'attrapait rien.

Alors,les gars,se demandant ce que pouvait bien faire Sapula, allèrent voir. Il était en train de chanter :-"Banian,allonge-toi, allonge-toi !" Au bout d'un certain temps,le banian s'allongea en direction de la mer. Alors,Sapula progressa le long du banian, atterrit soudain sur le toit de sa femme. Alors,il ôta son vête- ment et le jeta à terre.L'enfant de sa femme,l'ayant trouvé,dit: -" Mère,ce vêtement,d'où sort-il ? Il ressemble à celui que tu as brodé pour lui." La mère dit:-" Ton père [a dû traverser la] mer, et est arrivé! " Sapula,cette fois,ôta son tablier et le jeta. Alors,l'enfant le trouva et dit :-"D'où sort ce tablier ? Il res- semble à celui que tu as brodé !" Alors la mère sortit dehors et regarda du côté du toit.

Comme Sapula était en train de rire sur le toit,la mère le pria d'entrer dans la maison.Au soir,on se mit à manger le dîner.Mais Sapula ne mangeait pas.Sa femme l'interrogea :-" Que désires-tu manger?" Sapula :-"Ce que je veux manger,c'est seulement des mandarines!" Alors elle prit des mandarines et les lui fit manger. Au moment de se coucher,Sapula dit à sa femme :-"Je veux dormir au pied du lit" Alors la femme dit:-" Ne dors pas du côté du pied, tu subirais le malheur du pied." Alors Sapula dit:-" Eh bien,je dormirai au sommet du lit!" Mais la femme dit:-"Ne dors pas au sommet,tu subirais le malheur du sommet! Dors du côté du pilier!" Alors Sapula alla du côté du pilier et se coucha. Insomnie. Comme Sapula faisait giigii ,sa femme l'interrogea:-" Eh toi,que fais-tu ? pourquoi ne dors-tu pas? ". Sapula dit,mentant:-"Moi,quand je mange des mandarines,cela devient du vent!" En fait,il arrachait li le pilier de la maison.

Alors,cette maison,la faisant passer le long du banian,il la transféra sur l'autre rive.Quand les ténèbres de la nuit se furent dissipées,tous se réveillèrent.En ouvrant les yeux,ils étaient sur le rivage.Alors,l'épouse s'étonna,disant:-"Pourquoi sommes-nous ici ?" Alors,Sapula dit :-" Tu as été amenée ici par moi. Désormais,je ne te ferai plus de mal ; ne fuis pas! Vivons en bons termes!"

2. La femme du serpent

Un vieux alla à la chasse.Il vit une belle fleur,la cueillit
pour la rapporter à ses filles.Mais cette fleur appartenait au
serpent.Alors le serpent arriva :-"Pourquoi as-tu cueilli ma
fleur ? Va-t-en ,ou je te mords !" dit-il au vieux.Alors le
vieux remet la fleur à sa place ;mais elle tombe toujours : pas
moyen de la faire tenir. Le serpent l'interroge :-"As-tu des
filles ? " Le vieux :-"J'en ai." -"Eh bien,prends cette fleur,
offre-la à tes filles .Celle qui l'aimera,fais-en ma femme ! Si
tu ne me donnes pas une de tes filles en mariage,je te mords!"

Le vieux rentre à la maison avec cette fleur,dit:-"Qui aime
cette fleur?" L'aînée la déteste ;larmes du vieux,qui dit :-"Si
vous la détestez,je vais me faire mordre par le serpent." La
dernière fille a pitié :-"Dans ces conditions,donne-moi la fleur
j'épouserai le serpent!" dit-elle.Le vieux lui donne la fleur.

Trois jours après,le serpent arrive disant:-"Où est mon é-
pouse ?"Le père la lui montre.Le serpent emmène son épouse dans
sa maison.En cours de route,le serpent se change soudain en
humain,en beau garçon.La femme est ravie.Tous deux arrivent à
la maison du serpent.Elle était magnifique,bâtie en salpêtre.
Quand les mouches s'y posaient,elles glissaient et tombaient :
tant la maison était belle.Le serpent ne laisse pas sa femme sor
tir de la maison.Il craint qu'elle ne ramène de la poussière.

Un jour,le serpent va travailler au champ.La soeur aînée
vient rendre visite à sa cadette :-"Si la maison est si belle,
c'est à moi d'en être la maîtresse.Il faut que je tue l'épouse
du serpent "se dit-elle. Elle propose à sa soeur un concours
de beauté.Elles se regardent toutes deux dans le miroir,mais c'
est la dernière qui est la plus belle.Fureur de l'aînée.Elles
comparent alors leurs vêtements.C'est encore l'épouse du serpen
qui a les plus beaux atours.L'aînée prend la robe puis le pagne
de la dernière :mais celle-ci reste toujours la plus belle.
-"Allons nous mirer dans le puits" propose l'aînée.Elles y vont
s'y mirent.La dernière est encore la plus belle.L'aînée furieu

se jette sa soeur dans le puits,la tuant,et devient l'épouse
du serpent.

Le serpent revient du champ,voit sa femme :-"Comme elle est
devenue laide " pense-t-il. A un certain moment, il va prendre
de l'eau au puits ;le coq lui dit :-"Hihihi,tu crois que c'est
ta femme ?" Le serpent prend le coq et l'amène à la maison.

Le serpent repart au champ ,et avant,il recommande à sa femme de prendre bien soin du coq. La femme tue le coq. Le serpent
revient du champ,demande :-"Où est mon coq ?" La femme répond:
"Il mangeait trop,je l'ai trucidé." Elle cuit le coq. Quand le
mari se sert dans le plat,il trouve de la chair;quand la femme
se sert ,elle n'a que des os. Elle se fâche et jette le plat.
Un pin pousse à l'endroit où le plat de coq a été jeté.Le pin
devenu grand,ils en font un banc.Quand le mari s'y assoit,c'est
un banc bien solide. Quand la femme s'y assoit,le banc se met
à bouger.Alors la femme se fâche,en fait du bois de chauffage,
et le brûle.

3. Le mari idiot

Jadis,il y avait un couple avec un enfant.La mère,le bébé
sur le dos,dit au mari :-"Va chercher du bois pour la cuisine"
Le mari dit :-"D'accord,j'y vais" ,prend une grande corde,va
quérir du bois. Il trouve deux troncs de ganglang. Il se dit:
" Je ne les coupe pas;je les attache avec la corde,et le les
porte." Mais ils sont trop lourds;pas moyen.Il rentre à la maison sans bois,dit à son épouse :-"J'avais tant de bois;pas moyen de le rapporter.Vas-y toi-même!".

Alors,la femme lui dit :-"J'y vais,mais prends le bébé,
chauffe de l'eau,baigne-le.Puis compte les poulets!" Elle le
lui répète plusieurs fois,s'en va chercher du bois.Le mari fait
chauffer l'eau jusqu'à ébullition,y fourre le marmot qui meurt
dans un rictus.Le père ,croyant qu'il ne fait que sourire,est
tout heureux.Il va donner à manger aux poulets,leur tord le
cou,les accroche à la haie.

De son côté,la femme,partie à la corvée de bois,ne trouve
que des souches de ganglang.Elle rentre à la maison.

-" As-tu compté les poulets ?" demande-t-elle au mari. Celui-ci:
-"Pour sûr que je les ai comptés.Je les ai pendus là ,là ,là,les
voilà !" La femme,voyant les poulets tous morts,se fâche,très
fort. Puis :-"As-tu baigné le bébé ?" Le mari :-"Bien sûr que
je l'ai baigné ;il était si heureux qu'il s'est endormi avec le
sourire!" La femme va voir,constate le décès. Très triste,elle
pleure abondamment. -"Pourquoi pleures-tu tant ?le bébé n'a-t-
il pas le sourire ?" dit le mari . -"Non! il est mort!" dit la
femme.(...)

4. Les deux frères

Jadis,il y avait deux frères.Le cadet dit à l'aîné :-"Dans
le jardin,il y a un <u>Ficus</u> <u>Wightiana</u> .C'est à son ombre que je
prends le frais.Si nous secouons cet arbre,de l'or en tombera."
Alors l'aîné dit :-"Eh bien,moi aussi,je vais prendre le frais
là-dessous,et le secouer.Ainsi,je deviendrai sûrement riche."
Sur-le-champ,l'aîné va à l'ombre du Ficus,le secoue .Ce
qui en tombe ,ce sont des vers et des pierres.L'aîné furieux
veut abattre l'arbre.Le cadet dit:-"Tu ne me crois pas ? Il va
sous l'arbre,le secoue .De l'or en dégringole,avec des rouleaux
de tissu. L'aîné est bien forcé de le croire.
Une autre fois,le cadet dit à l'aîné:-"J'ai une houe fort
bonne ;avec,je déterre des trésors." L'aîné:-"Prête-la moi!" Le
cadet la prête.L'aîné ne trouve que pierres et racines,se fâche,
jette la houe.La discorde nait,les frères ne se parlent plus.
Un jour,après avoir mangé de l'ail,le cadet va chez le
chef,et pète.Le chef trouve cela très parfumé,donne de l'argent
et des victuailles au cadet.L'aîné apprend l'affaire,imite le
cadet,va péter chez le chef après avoir mangé l'ail,pensant ainsi obtenir de l'argent,avec cet ail volé.Mais le chef trouve ce
pet très puant,et,furieux,fait décapiter l'aîné.

5. Sapulalujalujan et Sasimidalu

Jadis,Sapula... alla couper des têtes à la tribu des Coavudas,
gens fort méchants,voleurs et surineurs.Or donc,Sapula se fâcha,
se prépara à trancher les Coavudas.Il arriva dans cette tribu.Le
combat dura cinq jours.Sapula était seul contre une foule;il fut
vaincu,tué; son crâne et ses os furent fichés sur des bambous.

Le fils de Sapula s'appelait Sasimi... Ayant grandi,il interrogea sa mère:- "Qui est mon père ?pourquoi n'est-il pas
à la maison?" La mère avait peur de lui révéler qu'il avait été
tué par les Coavudas ;elle craignait qu'il n'aille à son tour se
faire fusiller par eux. Alors,Sasimi alla interroger d'autres personnes,qui lui révélèrent ce qui s'était passé: son père avait
été tué par les Coavudas. -"S'il en est ainsi,je vais aller me
venger des Coavudas "se dit-il en lui-même. Alors,il dit à sa mère
qu'il allait seul au village des Coavudas,afin de les fusiller.
Sasimi attaqua très bien,vainquit les Coavudas,fit une trouvaille:
le squelette et le crâne de son père fichés sur un bambou.Alors,
il ramassa le squelette,chanta:-" Attachez-vous,os de papa !" Et
les os se raccrochèrent entre eux. Il chanta:-"Renais,chair de
papa!" et la chair se réincarna.Il chanta:-"Parle,papa!" et le père
lui parla,et réssuscita.Alors,ils se préparèrent,rentrèrent à la
maison.Arrivé sur la cime du mont, Sapula chanta un péan.La mai-
sonnée l'entendant :-"Qu'est ce que ce péan ? on dirait Sapula!"
voilà ce que disaient les gens.Sasimi à son tour entonna le péan.
Alors,les gens:-"Pourquoi ce péan? on dirait Sasimi!"

Quand ils eurent fini leur dernier péan,les deux hommes furent
entourés par un arc-en-ciel à cinq couches.Alors,quand ils arri-
vèrent à la maison, l'arc-en-ciel brillait encore très fort.Alors,
les gens rappliquèrent,les regardèrent,leur firent bel accueil.
On dansa dix jours.On but de l'alcool.Sapula et Sasimi devinrent
chefs.

6. Les oiseaux Cuglui et Ngangai

Jadis,il y avait une mère et deux enfants;l'un d'eux était encore
bébé.La mère le met sur le dos de l'aînée,s'en va arracher des
patates.Le bébé pleure horriblement.La soeur aînée va trouver la
mère,lui dit:-"Le bébé pleure!" -"Attends!j'arrache des patates"
répond la mère.Le bébé pleure de plus belle. -"Prends le bébé"
dit encore la fille.La mère ne le prend pas (le bébé),mais prend
son déjeuner en Suisse,sans rien donner aux marmots.Les gosses se
fâchent,vont au bout du champ.Pour se faire des ailes,ils coupent
leur pagne et le tissu servant à porter bébé.Ils s'exercent à vo-
ler.Après un bout de temps,la mère part à leur recherche,les voit
s'exercer au vol :-"Eh vous! pourquoi cela?" dit la mère aux gosses.-"Rentrez à la maison" ajoute-telle. Ils refusent de partir.
-"Nous désirons devenir oiseaux" disent-ils à la mère.Celle-ci
les engueule;ils s'envolent,fuient dans la forêt.Alors,les deux
enfants se consultent;l'aînée dit à la cadette:-" Toi, vole
vers l'ouest;mois je vais à l'est!" Alors,ils se séparent en ga-
zouillant ceci:-"Quand nous nous reverrons,sans doute nous serons
chenus!" Alors,ils s'envolent chacun de son côté.Le jour de leur

revoir,les deux oiseaux étaient devenus tout chenus.Alors,ils discutèrent derechef:-"Quand nous gazouillons,toi,tu dis ngangai, moi,je dis cuglui!" dit l'aînée. Voilà pourquoi on appelle ces oiseaux ngangai et cuglui.

7. Les Sqalu partent à la chasse aux têtes

Jadis,la tribu des Pungudan avait manqué d'aller offrir son tribut de viande séchée de porc sauvage aux Sqalu.Ceux-ci se fâchèrent ,et les voilà qui se préparent à partir en expédition punitive au village des Pungudan.Arrivés là,ils se mettent en embuscade,attendant la sortie des gens de Pungudan,sous les jardins,devant les maisons.Alors,ils aperçoivent une beauté,s'en avertissent mutuellement.Ayant délibéré:-" Ne   tuons pas les gens de Pungudan! allons nous amuser avec cette beauté!" Ils mettent de côté leurs sabres,les pendent au banian bâtard : le poids des sabres courbe les branches.Ils s'amusent avec la belle femme.L'un d'eux l'épouse.Revenu à Sqalu,il veut copuler avec sa femme : au lieu de vagin,c'est une queue qu'elle a.Les gens de Sqalu disent:-"Comment cela se fait? pas de vagin?" A l'époque du rut des chiens, cette "femme" ,un vagin lui vient.Les gens lui demandent:-"Qui est ton père? qui est ta mère?" Elle dit:-"Ma mère est un humain, mon père est un chien". Cette femme,chaque fois qu'elle accouche, elle donne le jour à des jumeaux.

8. Les amies et Sakidadau

Des femmes sur un toit pilaient du millet.Le soleil était chaud,
le ciel était bas.Elles se consultent;l'une dit:-"Pourquoi le soleil est-il si chaud ? Si nous le piquions de notre pilon? " Elle
le pique.Alors soleil devient aveugle.Notre lune,c'est lui.Alors,
le ciel s'élève vers le haut en grondant.Il se met à faire noir.
L'oiseau Sakidadau chante.On dit qu'il a des épines sur le corps.
Les compagnes apeurées s'enfuient derrière le grenier à millet.
L'oiseau Sakidadau les poursuit ,en rattrape une ,la prend,lui
dit :-"Assieds-toi sur la meule à aiguiser,je vais te porter!".
La femme dit:-"Non merci! j'ai peur de tes épines!" Mais Sakidadau la saisit,la fait s'asseoir sur lui,l'emporte chez lui pour l'
épouser. Peu après,la femme va laver le linge,trouve beaucoup de
poissons ,les pêche,les ramène à la maison,les cuit.Ayant fini
de les manger,elle a mal au ventre,dit:-"Je vais faire caca;J'ai
peur .Accompagne-moi!" Sakidadau l'accompagne.Plus tard,derechef,
-"Je vais faire caca,j'ai peur,accompagne-moi" Agacé de ces propos
réitérés,Sakidadau dit:-"Je me permets de ne pas t'accompagner."
Alors,l'épouse va déféquer seule.Ayant achevé sa grosse commis-
sion,elle ordonne à son étron:-"Si Sakidadau m'appelle,dis:"A"!".
Elle s'enfuit chez ses parents.Sakidadau l'appelle.L'étron répond
:-"Aa".Sakidadau l'appelle encore.L'étron,derechef,dit:-"Aa"
Intrigué,Sakidadau dit:-"Pourquoi n'es-tu pas sortie,depuis si
longtemps? qu'est-il arrivé?" Il va la chercher.Ce qu'il voit,c'
est l'étron.Furieux,Sakidadau fait bander sa   verge;il en
frappe la pierre,qui s'enflamme.

```
┌─────────────────────────────────────────┐
│         UN MYTHE KHAMOU :                │
│  L'ORIGINE DES BAGUETTES DIVINATOIRES    │
└─────────────────────────────────────────┘
```

I. L'ETHNIE KHAMOU

Affiliation linguistique: La langue khamou /khmu?/
appartient à la branche môn-khmer de la famille austroasiatique,
groupe austroasiatique-nord, sous-groupe khamouique (avec le
phay, le pouok, le phong et le hat).

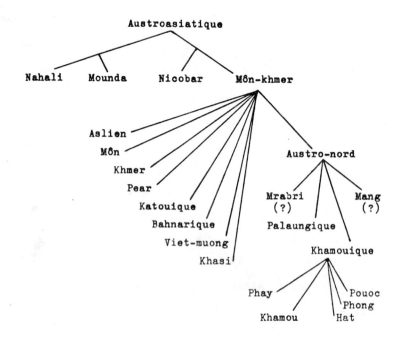

Localisation: Les Khamou habitent essentiellement
au Nord-Laos (Nam-Tha, Phôngsali, Sam-Neua et Louang-Phrabang),
ils débordent sur le Vietnam (Son-Tay et Cua-Rao), des immigrés
récents sont installés en Thailande (Chiang-Ray et Nan).
Ils sont estimés à 300.000 personnes.

II. INTRODUCTION LINGUISTIQUE.

La transcription utilisée ici a été choisie pour des
raisons de commodité de frappe et diffère sensiblement de celle
en usage établie par les missionnaires.

Consonnes initiales

ph	th	ch	kh	
p	t	c	k	ʔ
b	d	j	g	
m	n	ɲ	·ŋ	
hm	hn	hɲ	hŋ	
ʔm	ʔn	ʔy		
v		y		
hv	s	hy		h
	r	l		
	hr	hl		

Consonnes finales

p	t	c	k	ʔ
m	n	ɲ	ŋ	
w		y		
	yh			h
	r	l		

Voyelles

i	ü	u	⎫
ê	ɤ	ô	⎬ longues
e	â	o	⎭ ou brèves
	a		
ia	üa	ua	

III. TEXTE DU MYTHE.

hrôôy t?môŋ
génie Tamong

trdoh hrôôy t?môŋ , yôŋ ma? law , law naam
"raconter génie Tamong père mère dire dire autre-

hnnaay , yôŋ ma? law hrôôy t?môŋ sah / dêê yoh
"-fois père mère dire génie Tamong (ex.)soi-même aller

puur , yoh puur hrê? / hrê? göni? möh hrê? ?moon
nettoyer aller net. champ-sur-brûlis le être ch. endroit

khôn boo thiaw phii boo loo (1) , möh paa dôŋ kôŋ
"humain (n.) flâner génie (n.) guetter être forêt primaire

kôt (2) hnam / ?am ?ah mö? han yoh ?öh yoh hrüam /
"grand (n.) avoir qui habitué aller agir débroussailler

ta? göni? yoh ?öh yoh hrüam / yoh ?öh yoh hrüam ,
"humain le aller agir débroussailler

hrüam hôôc leew la? hntaar / hntaar leew la? guuc/
terminer (pas.)(act.) étaler étaler (pas.)(act.) allumer

guuc la? ?am kon ha? / ?am kon ha? , ?am kon ha? ,
"allumer pas compl. brûler pas complètement brûler

?am kon ha? ?naam mö? , la? yoh puur / vaaŋ
de cette façon (act.) aller nettoyer activement

yoh puur , puur hrê? dêê göni? , juur juur khüan
"al. nettoyer net. champ soi le descendre monter

khüan / sii gii gaay buar leew , sii gii gaay buar leew
"aujourd'hui rentrer soir (pas.) idem

mêc hryôôl yaam , taam maŋ law / mêc hryôôl yaam
"entendre gibbon gémir selon on dire entendre gibbon gémir

yaam kôŋ kôŋ koc da? kmpôŋ hrê? / bat gii göö la?
"gémir (ex.) (loc.)tête champ fois ci il (act.)

puur hôôc , tööŋ hryôôl göni? / tööŋ yoh tööŋ gaay ,
"nettoyer term. imiter gibbon le im. aller im. venir

yaam gaay yaam gaay coroo göö / pjua la? yeen ,
"gémir venir id. aller vers il d'un coup apercevoir

?ôô la? guŋ göö du? da? hur har , sŋkôôn sŋkiaŋ gaay /
"oh (act.)voir il aller-se-dandinant se balancer venir /

- mêê yat yaam yaam teen hmöh hryôôl göni? ,
"toi rester gémir faire quoi gibbon le

```
yaam    cu?   bŏ?   tlê?    ?ô?   -   sah   /   pjua
"gémir vouloir manger verge  je      (ex.)       d'un coup

du?  da?  hul  haal   root  hndroom  hrê?  /  krjuh krjôôɲ
"en se dandinant      atteindre lisière champ   cahin-caha

-  da?  mŏ?  tlê?   ,   da?  mŏ?  tlê?   -  gaay  ni?  sɲkiaɲ
   "où    verge        où    verge      venir  le  cahin-caha

yeeɲ  hraaɲ  gŏŏ  hnam  tlooy  /  la?  pŏ?  sndŏŏk  gii
"voir  dent   il  grand banane   (act.) pas de lèvre  ci

luup   luaɲ   tal   ,   luaɲ   bŏh   gii   khüan  luup  mat/
"dépasser côté  bas       côté  haut   ci   monter  dép.  face

gaay  cbop  büan  tlê?  gŏŏ  ,  cbop  büan  tlê?  gŏŏ  /
"venir d'un coup gagner verge il     idem

-  hââ  hââ  khôôy  ,  hââ  hââ  khôôy  (3)  -  ?aaw  gŏŏ  ?am  baay
   (ex.)    verge                              (ex.) il  ne  plus

nŏŏɲ  neew  mŏ?  ci?   teeɲ  /  la?  ɲo?  la?  tryüyh  /
"savoir quoi (fut.) agir   (act.) craindre   trembler

  la?  yeeɲ  luaɲ  gii  yeeɲ  luaɲ  naay  ,  yeeɲ  luaɲ
  "(act.) voir  côté  ci   voir  côté  là    voir  côté

yêêr  guɲ  saɲ  trse?  /  pop  moot  saɲ trse?  ni?
"bord voir noeud bambou(sp.) d'un coup saisir bambou  le

  neet  ti?  ,  kmbay  kmbay  hlian  /  gŏŏ  ,  gŏŏ  baay
  "pénétrer main     essayer    sortir   il      ne  plus

nŏŏɲ  ?môôy  süɲ  dêê  yat  dêê  krayh  dêê  nââm
"savoir un seul (rel.) soi  rester soi  rire  soi  content

ci?  mah  ta?  kmhmu?  ni?  /  phoo  mŏh  saɲ  trse?
"(fut)manger pers.-humain le   dès que être noeud bambou

guut  ti?  leew  ,  gŏŏ  ko?  kmban  saɲ  trse? ni?/
"entrer main (pas.)    il  (ap.) saisir noeud bambou le

gŏŏ  ko?  tmkah  ti?  t?môɲ  büan  /  vaaɲ  thŏŏk
"il (ap.) se défaire main Tamong possible en force retirer

  dar  ,  tôôn  dêê  dar  khô?  /  dar  taam  dar  hô?
  "courir se sauver soi cour. là-bas courir re- courir loin

la?  ɲo?  ?am  nŏŏɲ  hmŏ?  ci?  yoh  ,  ?am  nŏŏɲ
(act.) craindre(n-)savoir où  (fut.) aller (n.) savoir

hmŏ?  ci?  yat  /  guɲ  ?ôm  ,  ?ôm  ni?  la?  mŏh  ?ôm  taat/
"où   (fut.) rester voir eau  eau  la  (act.)être cascade
```

```
juur    siriac   daʔ   suʔ   laʔ   mŏh   sluŋ   ,   daʔ   hŏʔ
"descendre (ex.)(loc.) bas  (act.) être étendue   (loc.)loin

laʔ   mŏh   ŋŏŏp   /   ŋŏŏp   glaaŋ   ,   ʔôm   laʔ   juur
(act.) être abrit      abrit  rocher     eau  (act.)tomber

luaŋ   kvŏŏy   sntal   /   gŏŏ   laʔ   ŋoʔ   ciʔ   dar
"côté  dessus  chuter      il  (act.)craindre(fut.) courir

ʔmaŋ   tʔmôŋ   ciʔ   guut   ciʔ   mah   /   têêr   guut
"cacher Tamong (fut.) entrer (fut.)manger     sauter entrer

hndruum   ʔôm   niʔ   guut   guut   peem   yat   daʔ   hŏʔ sah/
"le bas   eau   la   entrer  se cacher rester     loin

yat    lêt   daʔ   hŏʔ   /   pjua   mêc   gŏŏ   krayh
"rester silence (loc.) loin    instant entendre il   rire

gaay   leew   tʔmôŋ   nam   knhniʔ   gŏŏ   /  - hââ hââ khŏôy,
"venir (pas) Tamong suivre traces   il              hi hi verge

boo   meen   khŏôy  ,   boo   meen  khŏôy  ,   meen   chôŋ cheʔ /
"(n.) être  verge        idem              être   pfampfou

boo   meen   khŏôy  ,   meen   chôŋ cheʔ (4) - /
"(n.) être  verge      être   pfampfou

hüʔaa hüʔaa gaay   gaay   root   hniʔ  ,  gaay   root   daʔ
"en riant(ex.) venir atteindre là    venir att. (loc.)

ʔmoon   gŏŏ   têêr   guut   hniʔ   ,   gaay   dêŋ   hniʔ
"endroit il  sauter entrer là       venir s'asseoir là

sŋkŏôŋ  sŋkiaŋ  /  gaay  - ʔôô  ,  gŏŏ  yoh  dêê  daʔ  mŏʔ /
"en gesticulant  venir   Oh      il aller soi   où

laʔ   düaŋ   hmloo   düaŋ   mŏh   sʔooŋ  ,  yoʔ   maŋ   law
"(act) prendre baguette pr. être  bois    (rel)  on   dire

je ʔ  ,  hmloo  gŏniʔ  /  yat  kneʔ  hniʔ  ,  yat
"pt-fils baguette les    rester deviner là      rester

kneʔ moo  gŏŏ  ciʔ  mah  sah  /  kneʔ   yoh  kneʔ  gaay/
"deviner  il (fut.) manger (ex.) deviner aller dev. venir

- yuu   phüün   diin   thêŋ   nam  (5) - kneʔ  yoh   sah /
"demeurer dans  terre   sur   eau          deviner aller (ex.)

- yuu   phüün   diin   thêŋ   nam  -  /  ʔŏŏ   gŏŏ  mŏh  neew  mŏʔ
"        idem                            euh   il  être quoi

- yuu   phüün   diin   thêŋ   nam  ,  phüün  diin   thêŋ  nam -
"demeurer dans  terre   sur  eau               idem
```

```
sah    hmloo   dêê   ?am   giiw   ,   khŏɲô?  khŏɲaaŋ  /
"dire que baguette soi  (n.) juste      casser,briser (ex.)
```

```
hmloo   dêê   dac pic  /  hôôc   gŏŏ   du?  dêê  /  naam
"bag.   soi   jeter       terminé il  partir (ex.)   quand
```

```
phii   t?mŏŋ   du?  leew   ,   gŏŏ   ko?  rŭŋ  sua khaaw
"génie Tamong partir (pas.)      il  (ap.)patienter instant
```

```
baay   guɲ   t?mŏŋ   pâât mââc  hlian   /   pop  moot
ne plus voir Tamong en catimini sortir     d'un coup saisir
```

```
hmloo   ni?   dar   gaay   da?   gaaŋ   /  gaay   root
"bag.   les  courir venir (loc.) maison   venir atteindre
```

```
da?   gaaŋ   ,   gaay   trdoh   briaŋ   dê?  dŭaŋ  hmloo
"(loc.) maison   venir  raconter autres (pos.) prendre bag.
```

```
ni?   kne?   /   je?   kne?   hmloo  s?ooŋ  gŏni?  /
"les  deviner     descendant dev. baguette bois   les
```

```
kne?   too  yoh   cam   k?ni?   ,   cam   jua   je?
"dev.  suivre aller jusqu'à maintenant jusq. vie  descendant
```

```
jua   luuk   jua   laan(6) k?ni?   /
"vie  fils   vie   neveu   maintenant
```


Abréviations:

(ex.)   Expressif (valeur pas toujours bien déterminée).

(n.)   Négation.

(pas.) Particule verbale du passé, de l'accompli.

(act.) Actualisateur rendant le verbe déterminé (sorte d'article verbal).

(loc.) Particule rective de localisation.

(fut.) Particule verbale du futur, de l'envisagé.

(rel.) Relatif.

(ap.)   sorte de particule appositive.

(pos.) Possessif.

Notes:

(1) <u>khôn boo thiaw phii boo loo</u> du laotien ຄົນ ບ່ ທ່ຽວ
ຜີ ບ່ ລໍ "Humain ne se promène, génie ne guette",
c'est à dire "Absolument vierge, où il n'y a personne
ni génie".

(2) <u>paa dôŋ kôŋ kôt</u> du laotien ປ່າ ດົງ ກົງ ກົດ "forêt primaire"
(<u>kôŋ kôt</u> est euphonique).

(3) <u>hââ hââ khôôy</u> du laotien ເຣ ເຣ ໂຄ້ຍ

(4) <u>hââ hââ khôôy</u> , <u>boo meen khôôy</u> ເຣ ເຣໂຄ້ຍ, ບ່ ແມ່ນ ໂຄ້ຍ
"Hi hi une verge, mais ce n'est pas une verge", <u>meen</u>
<u>chôn che?</u> ແມ່ນ — — ici le gibbon ne peut prononcer
<u>trse?</u> qu'il déforme en <u>chôn che?</u> que je traduis par
"pfampfou" déformation de "bambou". On ne peut expliquer
pourquoi le gibbon prononce bien le lao et mal le khamou.
Serait-ce une sorte de dérision mythique des Khamou
envers les Lao?

(5) <u>yuu phüün diin thên nam</u> ຢູ່ ເຜິນ ດິນ ເທງ ນ້ຳ
"Dans la terre et sur l'eau".

(6) <u>luuk</u> ລູກ "fils", <u>laan</u> ຫລານ "neveu, petit-fils".

IV. TRADUCTION LIBRE

Le génie Tamong.

Les anciens racontent la vieille histoire du génie
Tamong.

Un homme est en train de nettoyer son champ, taillé
dans une grande forêt où il n'y avait ni humain ni génie. Personne,
sauf celui-là, n'y était jamais allé débroussailler. Il fait sécher
les broussailles, y met le feu mais ça ne brûle pas complètement.
Il s'affaire dans tous les sens pour achever de nettoyer son champ.
Ce jour-là, comme le soir tombait, il entend les cris d'un gibbon
en haut de la pièce. Ayant fini son travail, il se met à imiter
le gibbon qui vient en le cherchant. Il le voit venir cahin-caha
en gesticulant. "Pourquoi gémis-tu, gibbon, tu veux manger ma
verge "? Dans un bond, il arrive tout dégingandé à la lisière du
champ. "Où est cette verge"? L'homme aperçoit ses dents grosses
comme des bananes, il semble qu'il n'ait pas de lèvres.

L'une tombe, l'autre remonte sur sa face. Dans un bond il se
saisit de la verge: "Hi hi une verge, hi hi une verge"! L'homme
ne sait plus que faire, il a peur et il tremble. Tout à côté il
aperçoit les noeuds d'un bambou à tresser des vans. Il en prend
un bout et le fait pénétrer dans la main du gibbon en essayant
de se dégager. Celui-ci ne s'aperçoit de rien tellement il rit
et est joyeux à la pensée de la lui manger. Il serre fortement
le noeud de bambou dans sa main. L'homme se libère energiquement
et se sauve en courant vers le lointain. Il aperçoit une cascade
dont la chute frappe l'étendue d'eau en formant un abri sous
roche. Ap euré par le vorace Tamong, il saute et se cache sous
la cascade. Il reste là, silencieux, et entend le rire du gibbon
qui s'approche sur ses traces. "C'est pas une verge, c'est un
pfampfou. C'est pas une verge, c'est un pfampfou", dit-il!
Tamong arrive à l'endroit d'où l'autre a sauté et s'assied en
gesticulant: "Où est-il allé"? dit-il en prenant une sorte de
baguette en bois - C'est du moins ce qu'on raconte aujourd'hui -
Il se met à pratiquer la divination pour savoir s'il le mangera.
La réponse est: "Dans la terre et sur l'eau". Puis une nouvelle
fois: "Dans la terre et sur l'eau". Qu'est-ce que ça peut bien
signifier? Croyant que les baguettes ne sont pas justes, il les
brise et les jette. Le génie Tamong parti, l'homme attend un
moment, sort en catimini, ramasse les baguettes et rentre chez lui.
Il raconte son aventure aux siens et se met à utiliser les baguettes
pour la divination. Depuis et pendant des générations jusqu'à
aujourd'hui on a continué à les utiliser.

Michel FERLUS
C. N. R. S.

```
┌─────────────────────────────────────────┐
│        UNE HISTOIRE PHOU NOY :           │
│   LA GUERRE DES HO ET DES PHOU NOY       │
└─────────────────────────────────────────┘
```

I. L'ETHNIE PHOU NOY.

Affiliation linguistique: Le phou noy appartient
à la branche lolo de la famille sino-tibétaine. Les autres
parlers assez proches sont le pyen (Kengtung, Birmanie),
le bisou (Chiang Ray), le mpi (Nan) et le lawa (Kanburi),
ces trois derniers étant au Nord-Thailand.

Localisation: Ils sont tous dans le Phôngsali du
Nord-Laos. Le chef lieu de province est une bourgade phou noy.
Ils ont été évalués à 20.000 Personnes.

II. INTRODUCTION LINGUISTIQUE.

Consonnes initiales

ph	phy	th	ch	kh	
p	py	t	c	k	ʔ
b	by	d			
m	my	n	ɲ		
hm	hmy	hn	hɲ		
f	hl	s	hy		
v	l		y		

Consonnes finales

p	t	ʔ
m	n	
o	i	

	Voyelles orales			Voyelles nasales	
i	ɨ	u	ĩ	ɨ̃	ũ
e	ŏ	o		ã	
	a				

Tons principaux			Tons marginaux		
a⁻	a_	a、	aʼ	aʼ	aᵛ

III. TEXTE DE L'HISTOIRE

hni_ yŏ_(1), ho⁻ ba、 , gu_ ba、 na_ ,
autrefois (loc.) Ho peuple nous peuple (r.)

ti、 li⁻(2) le、 ɲiʼ lon_ li⁻ le、 ɲiʼ ya⁻ /
battre venir (inc.) (p.v.) piller venir (inc.) (p.v.) (af.)

thã⁻ yũ_ ʔi⁻ pu_ ʔa_(3) ŏ_ , ca_ li⁻ ceʼ /
mais ils d'en-haut Phou-Fa (loc.) demeurer venir (p.v.)

khyo_(4) nu_ , pu_ ʔa_ dat、 hyã' hat、 ãbŏ、
ensuite (ap.) Phou-Fa génie ceux-là sangsue grand

pen⁻ yo_ , ʔu_ yo_ , sɨ⁻ khŏ_ vŏ_ ɲiʼ /
en état (sb.) mordre (sb.) mort (pl.) (ca.) (p.v.)

ho⁻ ba、 pɨ⁻ nam⁻(5) , khyo_ kua、 ã⁻ yo_ ,
Ho peuple groupe envers ensuite chier (dir.) (sb.)

sĩ、 pha、 sat⁻ yo_ , ʔĩ、 pat⁻ na_ vea_ /
feuille cueillir(sb.) excrément essuyer(rec.) (p.v.)

kŏkhom⁻ tŏtam、 phŏle_ hyã⁻ , sit⁻ yo_ nu_ ,
en conséquence ortie sp. celle-là toucher (sb.) (ap.)

ʔĩ、 thũ⁻ yam、 khŏ_ niʼ / khyo_ nu_ , ʔu⁻,
le derrière enfler (pl.) (p.v.) ensuite (ap.) (ex.)

sĩ、 pha、 um⁻(6) , kŏ⁻ hlop⁻ lŏba、 at、 hyo_ ,
feuille aussi guerroyer de plus total (sb.)

khat⁻ yo_ , phã⁻ le、 ceʼ / khũ_ suʔ⁻ khũ、
craindre (sb.) fuir (dir.) (p.v.) Khongsou village

ca⁻ ŏ_ , phã⁻ an⁻ yo_ nu_ , gu_ ba、 hyã⁻,
chemin (loc.) fuir (dir.) (sb.) (ap.) nous peuple celui-là

pyoʼ hlat⁻ yo_, atĩ⁻ tĩ⁻ yo_, lŏphu_ pum⁻ yo_,
d'à côté couper- (sb.) étagère dresser(sb.) pierre entasser(sb.)
court

chi_ ?e‾ ce' / khyo_ , yũ' , li_ yo_ nu_ ,
laisser aller (p.v.) ensuite ils(Ho) venir (sb.) (ap.)

hne͜ na_ tŏ?‾ yo_ , lŏphu_ put‾ yo_ , bon‾ nan‾ yo_,
corde (r.) trancher(sb.) pierre enlever(sb.) rouler(dir.)(sb.)

tu_ yo_ , si‾ cŏ‾ve_(7) / khyo_ , hyã‾ , ce‾an‾
heuter (sb.) mort (ca.+pas.) ensuite ceux-là au-delà

hya‾ ŏ_ nu_ , cŏba_ thã_ sĩ na?‾ ãhan‾ pĩ‾ ,
partie (loc.)(ap.) chemin bord arbalète porteur groupe

hlo͜ ?e‾ ce' / khyo_ kŏcan‾ li͜ ce‾ nam‾(5)/
à l'espère aller (p.v.) ensuite restants (dir.) (p.v.) envers

sĩ na?‾pŏ_ba͜ pŏ_ le͜ yo_ , bŏ͜ lã‾ pŏ_ ba͜
arbaletier tirer (dir.) (sb.) flèche tireur
empoisonnée
pŏ_ le͜ yo_ , si‾ kŏ_ cŏ‾ve_(7) / khyo_, hyã‾,
tirer (dir.) (sb.) mort (pl.) (ca.+pas.) ensuite ceux-là

kŏcan‾ ce‾ nu_ , yao‾ hmi_ ŏ_ , phã‾ yo_ ,
les restants(p.v.) (ap.) leur pays (loc.) fuir (sb.)

le‾ khŏ_vea_ /
aller (pl.) (p.v.)

Abréviations:

(loc.) particule rective locative

(r.) particule rective (na_ "envers, contre")

(inc.) particule d'inclusivité

(p.v.) particule verbale (ni‾ "présent"; ce‾ "accompli
d'action"; vea_ "accompli d'état"). Le ton‾ devient '
en fin de phrase.

(af.) particule affirmative

(ap.) particule appositive, sert à mettre en évidence un des
syntagme de la phrase.

(sb.) particule verbale de subordination. Les syntagmes
verbaux régis par yo_ sont soumis au verbel principal
régis par (p.v.).

(pl.) particule du pluriel (khŏ_ ou kŏ_).

(ca.) particule causative.

(rec.) pronom réciproque.

(dir.) verbes directionnels analogue à des particules verbales.
(le͜ "aller vers l'amont"; an‾ "aller vers l'aval";
li͜ "venir d'amont"; la͜ "venir d'aval; ã‾"indéterminé")

(ex.) exclamatif.

Notes:

(1) La particule locative ŏ-entre en sandhi avec l'élément précédent.

(2) Les verbes de mouvement: le⁻ "aller vers l'amont"; ʔe⁻ "aller vers l'aval"; li- "venir d'amont"; la⁻ "venir d'aval".

(3) La montagne sacrée des Phou noy, le pu - ʔa-(du lao Phou Fa "montagne du ciel") est près de Phôngsali.

(4) khyo-est une contraction de khŏ- "particule du pluriel" et de yo-"particule verbale de subordination".

(5) nam⁻ est une contraction de na- "particule rective et réciproque" et de um⁻ (6).

(6) sorte de particule rective "et aussi, à la suite".

(7) cŏ⁻ve- est formé par contraction croisée de vŏ-"causatif" et de ce⁻"particule verbale de l'accompli".

IV. TRADUCTION LIBRE

La guerre des Ho et des Phou noy.

Autrefois les Ho avaient pour habitude de venir guerroyer et pirater chez nous. Une fois, ils vinrent s'installer sur la montagne dite "Phou Fa". Alors les génies du Phou Fa, prenant la forme de grosses sangsues, mordirent des Ho qui en moururent. Par la suite, d'autres, comme ils faisaient leurs besoins, cueillirent des feuilles urticantes pour s'essuyer, ces feuilles les irritèrent et leurs derrières enflèrent. Les feuilles ont aussi fait la guerre à leur manière, les Ho ont eu peur et se sont enfuis. Comme ils partaient par le chemin de Khongsou, les nôtres ont pris un raccourci, dressé une claie au-dessus du chemin et y ont entassé des pierres. Comme les Ho passaient, on trancha la corde et les pierres libérées roulèrent et heurtèrent en tuant. Nos arbalétiers attendirent les rescapés plus loin au bord du chemin. Certains tiraient des flèches ordinaires, d'autres des flèches empoisonnées. Les survivants des Ho s'enfuirent dans leur pays.

Michel FERLUS

C. N. R. S.

1. Vendre un cheval

Un homme élevait un cheval dans sa propre maison.Ce cheval était
fort beau.Un jour,l'homme a besoin d'argent,doit vendre le cheval.
Il conduit le cheval hors de chez lui,le fait traverser un canal
pas très large,avec de la boue profonde d'une coudée.Le cheval se
salit les pattes et la queue,qu'il avait longue et fort belle.L'homme
grimpe sur l'autre rive,coupe la queue du cheval (trop sale),mène
l'animal jusqu'à la place du marché,prononce ce boniment:"Mon cheval est très beau;vous n'en trouverez pas deux pareils;je le vends
vingt-cinq tamlyng.Pas à moins!"

Il fait chaque ruelle,chaque recoin du marché;personne ne veut
du cheval.Enfin,il trouve un vieux disposé à l'acheter pour vingt
tamlyng. De lassitude,l'homme accepte,à contre-coeur,les vingt tamlyng que lui tend le vieux,car il n'y a pas moyen de vendre au plein
prix. Il est triste,se dit tout bas:"Hé hé!ce vieil homme t'a ache-
té ton cheval;il va l'emmener pour le vendre à la criée quelque
part! Et moi,personne ne voulait me l'acheter au bon prix!"

Il file le vieux afin de connaître le truc qu'il a pour vendre,
et sa méthode spéciale.Le vieux mène le cheval au marché,crie ceci:
_ "Ce cheval que je viens d'acheter est beau,vrai de vrai;on peut
le garder comme animal domestique.Son premier patron n'était pas
aidé (sic) ;de bêtise,il lui a coupé la queue.Néanmoins,cette ju-
ment est grosse de cinq mois et plus.Vous devez l'acheter pour la
garder;en un rien de temps,vous obtiendrez à coup sûr une lignée de

chevaux beaux beaux,remarquablement,c'est certain,vous pouvez dormir
sur vos deux oreilles! Je ne la vends que vingt cinq <u>tamlyng</u>;c'est
pas cher!" Entendant ce boniment,un marchand du marché se laisse
convaincre,extrait vite de sa poche vingt cinq <u>tamlyng</u>,achète l'
animal.

Le premier patron du cheval a vu la scène,le coeur rongé d'un
gros regret.Il retient de toutes ses forces le truc pour vendre,
du vieil homme,et rentre à la maison.Tout en marchant,il pense:
-" Hé hé! j'ai une fille nubile au corps svelte.Quand un prétendant viendra me demander sa main,il faut absolument que je lui di-
se que ma fille est déjà enceinte de plus de cinq mois,de la même
façon." Il croit fermement que le prix qu'il recevra pour sa fille
sera fort élevé. Il se promet de garder le secret.

Un peu plus de deux mois après,un prétendant se présente à
sa demeure,exactement comme il l'avait prévu.Alors seulement,il
avertit son épouse,et lui interdit de révéler au dehors cette histoire de demande en mariage. L'épouse veut parler en particulier
avec le prétendant pour décider de l'affaire.Mais le mari proteste
en murmurant: "Pourquoi sors ·tu lui parler? Est-ce que je ne par·
le pas mieux que toi? C'était une très grande chance que je sois
allé vendre le cheval.Sur le chemin du retour,j'ai bien retenu en
mémoire le truc commercial.J'ai reçu la science d'un vieillard;
attends,écoute bien! Je discuterai avec le prétendant de façon qu'
il n'y ait devant nous personne qui puisse deviner ce dont nous
parlons,ni même en rêver!" L'épouse rétorque :"C'est impossible;
ce n'est pas ton affaire! "Le mari répond:" Si fait! c'est ma
charge assurément!" Ils se disputent bruyamment dans la chambre,
et cela finit par indisposer le prétendant.

Le père alors sort de la chambre et entre dans le salon.Il s'adres-
se en ces termes au prétendant :" Qui veut prendre ma fille,je le
tiens pour homme d'honneur; ma fille en ce moment est déjà enceinte
de plus de cinq mois,et n'a encore aimé avec personne qui pourrait
la protéger,la soigner,la maintenir en sécurité."

A ces mots,le prétendant claque la langue,reste bouche
bée,immobile,méditant,désespéré,et tout à coup,sans dire adieu,
sans même saluer les mains jointes ,s'en va.

2. L'erreur du créateur
(contrôle des naissances)

Il y a très longtemps,on se transmettait le récit suivant: Ce
monde que nous habitons,dieu était en train de le construire;Tous
les êtres constituant le monde étaient construits par la puissance
divine: humains,animaux,végétaux.Ce qui est miraculeux,dépasse tout
ce sont les animaux,qui décorent le monde. Leur nombre augmente de
jour en jour,et c'est effroyable,ils risquent de remplir la surface de la terre.Alors,au dieu vient une pensée inouïe : créer une
autre sorte d'animaux, craints par tous les autres,des animaux qui
mangeraient la chair des autres,afin que ceux-là se reproduisent de
plus en plus lentement.Alors,il crée un couple de tigres : un mâle
et une femelle, et leur souffle une formule magique divine,afin
que ce couple soit un agent surnaturel, pour se reproduire de façon
répondant à la nécessité.La formule dit ceci:" Sept portées par an,
sept bêtes par portée!" Au total,un couple de tigres enfante par an
jusqu'à quarante-neuf petits.Alors,le nombre des tigres crût fort.

Ils tourmentaient les animaux créés avant sur la surface de la terre,leur faisant perdre l'appétit et le sommeil.Dévorés par les tigres,   ils disparaissaient presque.Donc,le dieu créateur est touché,craint que les animaux ne finissent par disparaître,et qu'il ne reste plus que la seule race des tigres.Il cherche un moyen de corriger son erreur.Il pense ,pense et repense,finit par trouver un moyen rusé,à savoir,corriger la formule magique divine des ti-gres. Alors,le dieu se crée lui-même en une espèce d'oiseau appe-le takhum, se cache en embuscade au bord d'un chemin que prend en ce moment le tigre qui récite tout bas sa formule_"Sept portées par an,sept bêtes par portée!".A l'approche du tigre,l'oiseau-dieu prend brusquement son essor,le tigre s'évanouit de terreur,perd la tête,et crie "Tous les sept ans,une portée d'une bête!"

Depuis qu'il a récité cette formule magique divine renversée,les tigres doivent engendrer un seul petit par portée, et seulement une fois tous les sept ans.

CONTE COREEN : LA FONDATION DE SEOUL
"Wangsipli et le taoïste Muhak"

Abréviations grammaticales

acc. : accusatif (l)əl

alt. : alternatif -tənci

adv. :adverbial -ke

but :postposition de but -tolok (37,39)lyoko (23)

ce 1,2,3 :démonstratifs du 1er,2ème,3ème degré : i,kə,sə

cit. :fin de citation : -ko , -(i)la(ko) la(32), lako(34)

conc. :concession -man (16)

cont. :forme continuati ve -ko (1), -yo (3)

décl. : forme déclarative finale -ta

dev. : verbe devenir toi/toe

exhort.:exhortatif-contributif psita

fin. :particule finale

fut. :futur conjectural -kess-

ger. : gérondif -myonsə

hon. :honorifique -si-

hon.fin.: " final -o

hum. :humble -əp /-p

imp. :impératif -yo/ seyo ,la (37), lila (53)

ind. :indicatif -ni-

inter.fam. :interrogatif familier : na (nə)nya

loc. :locatif -(ə)lo

mod. :modal kun(a)

nom. :nominalisateur : -m :kolə-m "marche"(4), -ki :coŋhaki "décret"
                                                                                  (9)
              -ci(30,41;42)

neg. :négation anh- , ops -

neg.pot.: " du potentiel : -mos-

np. :nom personnel

obl. :obligation,nécessité -ya- (39)

part. : -yo(3)so (2)

passé : -ss- (1)

passif: -hi-,-li-,-ki-,-ipl.   :pluriel -təl

pot.   :potentiel -su

prohib. :prohibitif -ma- (49)

rel.0   : adjectif en fonction d'épithète
rel.1   :relatif présent -nən- (32,52)
rel.2   :   "   imparfait -tɔn- (38)
rel.3   :   "   passé   -(ə)n (44)
rel.4   :   "   futur   -l-   (36)
rel.5   :   " plus-que parfait -ɔsstɔn- (50)

renf.   :particule de renforcement te (52)
susp.   :suspensif (comme participe)-yɔ (40)
suj.   : sujet -i / -ka
th.   :thème -(n)ən
top.   :toponyme
vl.   :voyelle de liaison

NB. La transcription est celle de Horne et Yun (Yale Mirror series).
    La source du conte est Park YonJoon,vol.6, p 22I-3. Je remercie
    MM.Li Jin-Mieung et Pascal Le Quéré,qui m'ont aidé à rectifier
    des erreurs d'interprétation et d'analyse. Les erreurs subsis-
    tantes ne peuvent que m'être imputées.

        La source de certaines dénominations grammaticales (ex.
    "indicatif") est Samuel Martin .- Korean morphophonemics,
    (Language dissertation).

        Les numéros entre parenthèses renvoient au numéro de phra-
    se du conte.Le découpage en "phrases" est relativement arbitrai-
    re.C'est l'apparition d'une forme "finale" (déclarative -ta ,
    interrogative -kka),qui fixe généralement la limite des dites
    phrases.

Wang sipli wa Muhak tosa
"Wang sipli et le taoïste Muhak"

(vol.6, p 221-3)

① kolyo co   ka myɔlmaŋ ha-ko \isoŋke ka i ssi   coson ɘi
np. /dynastie/suj./chute/V/cont./np. /suj./np./famille/np.:de/

theco lo   tɘŋkɘk   ha- ca \kolyo ɘi toɘpci i -n
np./en qualité de/monter sur trône/V/dès que/np./de/capitale/être/rel.3/

soŋto lɘl poli-   kò \ sɛ   toɘpci lɘl mulsɛk ha_ke toi-oss-ta
top./acc./abandonner/cont./neuf/capitale/acc./choix /V/adv./dev./passé/décl.

② itheco nɘn minsim   susɘp ina sɛ lou -n   munhwa lɘl konsol
np./ th./peuple-coeur/gagner/aussi/nouveau/rel.0/civilisation/acc./édifie

ha-ki   wi-he -so nɘn\ yes   kolyo ɘi toɘpci in soŋto nɘn coh -ci
V/nom./pour/V/part./th./ancien/np./de/capitale/être /np./th./ bon/nom./
                                                    rel.3

anh- ta -ko   sɛŋkak hɛ- ss-ta
neg./décl./ cit./sentir/V/passé/décl./

③ kɘlihayo phuŋsu-cili e palk   -ɘn muhak ila -nɘn cuŋ eke myoŋ
ainsi/ géomancie/pour/perspicace/rel. /np./nommé/rel.1/bonze/à/ ordre/

ha-yo\sɛ lou-n toɘpci lɘl mulsɛk hɛ po laKo\   hɛ-sston kɘs
V/cont./neuve/rel.0./capitale/acc./choix/V/essayer/ cit./dire / rel.5/ chose

i-ta
être/décl.//

Notes. kolyo co 高麗朝 ;myɔlmaŋ 滅亡 ;isoŋke 李成桂
issi coson 李氏朝鮮 ;theco 太祖 ;tɘŋkɘk 登極 ;toɘpci 都邑
munhwa 文化 ; konsol 建設 ; wi 為; phuŋsu cili 風水地利 ;
soŋto 松都 ;mulsɛk 物色 ;minsim 民心 ;susɘp 收拾

④.waŋmyɔŋ   ɔl pat-   ɔn muhaktosa nɔn soŋ   to lɔl ttɔna \
royal/ordre/acc./recevoir/rel.3/np./th./ top./capitale/acc./quitter/

nam ccok ɔlo kol-ɔm ɔl olmky-ɔss-ta   /⑤.san su ci   li
sud/côté/à/marcher/nom/acc./tourner/passé/décl.//mont/eau/terre/profits/
                  pas

lɔl myɔnmil- hi salphi -myɔ\kɔ ka tochak ha-n   kɔs
acc./minutieuse-/ment/examiner/quand/il/suj./atteindre/V/rel.3/fait/

i sam kak san   i-ɔss-ta// ⑥.muhaktosa nɔn samkaksan e ol.la ka
suj./3/corne/mont/être/passé/décl.//np./th./top·/sur/monter/aller/

cise lɔl salphyɔ   poko -sɔ \tasi. san esɔ   nɛlyɔ-wa nam
situation/acc./examiner/voir/part./de nouveau/mont/de/descendre/sud/

ccok in   cikɔm   ɔi waŋsipli lo ka- ss- ta// ⑦. ilohke phuŋ.su
côté/étant/maintenant/de/top./à/aller/passé/décl.//   ainsi/vent/eau/

ci li   lɔl salphi-tɔn   kɔ nɔn "Toɛ-ss-ta   \ i kos
terre/profits/acc./examiner/rel.2/il/th./devenir/passé/décl./ce /lieu/.

i- myɔn\icu   ɔi toɔpci lo kacaŋ   coktaŋ   ha -ta.//
être/si/déplacement/de/capitale/pour/très approprié/ V/décl.//

Lex.4 waŋmyɔŋ 王命 ;soŋto 松都 ;nam 南
  5.san su ci li 山水地利 ;tochak 到着   ;samkaksan 三角山
6. cise 地勢 ;waŋsipli 往十里 ;7.phuŋsucili 風水地利
  icu 移住 ;toɔpci 都邑地 ;coktaŋ 適當

44

8.ɔsɔ tol.a ka imkəm kke ki.ppə-n sosik əl cɔɲ ha -lila"
vite/retourner/aller/roi/au/heureux/rel.3/nouvelle/acc./transmettre/V

9.ha-myɔ ,i kos əl toəp thɔ lo cɔɲhaki lo kyɔlcɔɲ ha-ko\
dire/après/ce/lieu/acc./capitale/lieu/pour/décret/par/décider/V/cont./

tol.a - o -nənte ottɔn no-in i so ləl mol - ko
retourner/venir/en chemin/quel/vieillard/suj./boeuf/acc./conduire/cont

o -ʈaka // 10. "ilya ,i nom əi so ka milyɔn-haki ka
venir/tandis que// eh!/ce 1/espèce/de/boeuf/suj./stupidité/suj./

machi muhak kath kuna // 11.ɔccɛ palə-n kil əl tu-ko\
comme/np./pareil/certes//pourquoi/droit/rel.3/chemin/acc./garder/cont./

ciləm-kil lo kalyɔ -tənə nya //12.ha- nən kos i-ɔss-ta//
raccourci/par/aller/essayer/?fam.// dire/rel.1/chose/être/passé/décl./

13.i mal əl təl- ən muhaktosa nən kkamccak nol.la ci anh-
ce 1/discours/acc./entendre/rel.3/np./th./surprise/s'étonner/nom./neg.
avec

əl /su / ʊps- ɔss-ta //14.muhak ən so ləl mol-ko
rel.4/pot./absent/passé/décl.// np./th./ boeuf/acc./conduite/cont./

cinaka-nən kə no-in əl salphyɔ- po-a-ss-ta //
passer/rel.1/ce 2/vieillard/acc./examiner/voir/vl/passé/décl.//

___

lex.8.sosik 消息 ;cɔɲ 傳 ;9.cɔɲ-haki 定하기;kyɔlcɔɲ 決定
no-in 老人 ;10. milyɔn 未練

(15).kə ka pothoŋ no.in i a.ni /‑m/ əl kot al.a.chali-
ce 2/suj./ordinaire/vieux/suj./inexistence/acc./aussitôt/savoir/

ko ɔllən tui ləl coch.a‑ka ttaŋ e muləph əl
cont./aussitôt/arrière/acc./suivre/aller/terre/sur/salut/acc./

kkulh‑ ko cɔl əl ha‑ myɔnsɔ // (16). "coisoŋ ha‑ci‑man
se prosterner/cont./salut/acc./faire/ger.// excuse/faire/nom./
conc./

malssəm com yɔccu‑ɔ‑ po‑ kess‑əp ‑ ni ‑ta "// (17).ha ni
parole/un peu/informer/vl/voir /fut./hum./ind./décl.// dire/quand/
honor. essayer/

kə no.in ən tol‑a‑ta po‑ci‑ to anh‑ ən che //
ce 2/vieux/th./retourner/décl./regarder/nom./même/neg./étant//

(18)."musən mal i ɔ " ha‑myɔ kə‑te.lo so ləl mol-
quelles/paroles/être/poli/dire/part./aussitôt /boeuf/acc./guider/

ko ka‑nən kɔs i‑ɔss‑ta //(19). muhak ən tasi ccoch‑a-
cont./aller/rel 1/fait/être/passé/décl.//np./th./derechef/suivre/vl,

ka‑myɔnsɔ //(20).cikəm tət ca ha‑o‑ni so eke ha‑ si ‑nən
aller/ger.//maintenant/entendre/dis/V/quand/boeuf/à/parler/hon./rel1
que

Lex.pothoŋ 普通 ;16.coisɔŋ 罪悚
NB. an‑i‑m "inexistence" se décompose dans l'ordre "in‑exist‑ence":
an‑"négation", i‑ "être" , ‑m "nominalisateur".

malssəm i "muhak kath i milyon ha·ta·ko ha sy -ɔss-nənte "
paroles/suj./np./comme/suj./stupide/V/*did./cit./*dire/*hon./passé/*

cɔ əi şeŋkak e nən i kos i toəpci lo kacaŋ almac - ən
je/de/impression/dans/th./ce 1/lieu/suj./capitale/pour/très/propice

kɔs kath-a kyolcoŋ əl ha-yɔss- nənte ,oti to coh- ən kos i
chose/semblant/décision/acc./V/passé/mais/ou/*plus*/bon/rel.3/lieu/suj.

iss-ə-myon, sosəŋ eke il.l- o- cusi- ki pala-ṗ-ni-ta //
être/vl/si/moinillon/à/dire/vl/accorder/nom./souhaiter/hum./ind./décl./
je

(21)·ha-ko kanchoŋ əl ha-yɔss-ta // (22) "kəlon kɔs əl ne ka
dire/cont./se taire/acc./V/passé/décl.//telle/chose/acc./*je/suj./*

ɔcci an- -ta nən mal i o?// (23)·ha-ko, no.in i
comment/savoir/décl./*rel.*/parole/être/poli//dire/cont./vieux/suj./

kənyaŋ so ləl mol- ko ka-lyɔko ha- nən kos
comme avant/boeuf/acc./guider/cont./partir/pour/faire/rel.1/chose/

əl muhak ən tasi col əl ha-ko ophtə-lyo kanchoŋ əl
acc./np./th./derechef/salut/acc./V/cont./prosterner/ /silence/acc.

hɛ-ss-ta //(24)·no.in ən kəcesɔ ya kɔl.əm əl momchu -ko //
V/passé/décl.//vieux/th./enfin/ /pas/acc./arrêter/cont.//

Lex.milyon 未懍 ;kyolcoŋ 決定 ;sosəŋ 小僧

(25)."yɔki-sɔ sip li man tɔ ka- si- ɔ " ha-kɔ
ici/loc./dix/li/seulement/encore/marcher/honor./poli/dire/cont./

sonʰ əl təl-ɔ- kaləchyɔ cu - ɔss-ta //(26).Muhaktosa nən
main/acc./lever/v.1./enseigner/accorder/passé/décl.// np./th./

nɔmu na kamsa ha-yɔ kə cali e ɔphtəlyɔ cɔl əl ha-
très/ /merci/V/part./ce 2/endroit/ à /prosterner/salut/acc./faire

yɔss-ta //(27).kəloko kə no.in i kaləchyɔ - cu- n paɳhyaɳ
passé/décl.//alors/ce 2/vieux/suj./enseigner/donner/rel. 3/direction/

əlo sip li ləl tɔ ka- ni kwayɔn sa paɳ i hɔmcun-han san
dans/10/li/acc./*plus*/aller/quand/en fait/4/côtés/suj./escarpé/mont/

əlo tul.lɔ ssah -in yosɛ ci ka iṣṣ- ɔss-ta//
par/entouré /empiler/*passif rel*/forteresse/terrain/suj./être/passé/décl.//

(28).i kos i palo cikəm əi mun an i- n kɔs
ce 1/lieu/suj./précisément/mainte-/de/portes/dans/être/rel. 3/chose/
nant

i-ta //(29)."i kos i yamal-lo cɔɳmal təəpci lɔ choi
être/décl.//ce 1/lieu/suj./vérité/en/vraiment/capitale/pour/le plus/

cɔk i lo ta //(30).ha-kɔ kamthan ha-ci anh -əl su
adéquat/être/ décl.//dire/cont./remercier/V/nom./neg./acc./pot./

ɔps- ɔss-ta//
neg./passé/décl.//

Lex. 26.kamsa 感謝 ;paɳhyaɳ 方 向
27.kwayɔn 果然 ;sa paɳ 四方
yosɛ ci 要塞地 ;mun 門 ;29 choicɔk 最適
kamthan 感嘆

(31).muhaktosa nən kot soŋ to lo tol-a-ka itheco eke po-ko
np./ th./aussitôt/np./capitale/à/revenir/np./ à/voir/cont./

ha-yo muhak əi mal tɛlo i kos e toəp əl olmki -ki
V/part./np./de/paroles/comme/ce 1/lieu/à/capitale/acc./tourner/nom./

lo kyɔlcoŋ ha-yoss-ta //(32). kəlonte muhaktosa ka so ləl mol-ko
pour/décision/V/passé/décl.// alors/np./suj./ boeuf/acc./guider/coṇt

ka-nən no.in eke toəpci ləl mul-ossəlttɛ "sip li man ka la"
aller/rel 1/vieux/à/capitale/acc./demander/quand/10/li/seulement/va!/

ko,ha-yoss-ṭa ha-yo waŋ sip li la -n iləm əl puthyo
cit./dire/passé/décl./V/part./vers/10/li/cit./rel.3/nom./acc./coller/

puləke toi-oss-ta .nən kos i-ta //(33). ili ha-yo
nommer/devenir/passé/décl./rel.1 /chose/être/décl.//ainsi/V/part/

han.yaŋ e toəp əl coŋ ha-ko tɛkwol əl cis.ke
top./à/capitale/acc./fixer/V/cont./palais royal/acc./construire/adv./

ha-n hu tul.le e soŋ əl ssah -ke ha-yoss-ta
V/rel 3/après/ murailles/acc./construire/adv./V/passé/décl./

(34).kəlonte inwaŋ san mith e kamyɔ son pawi lako ha-yo
alcrs/ top./montagnes/entre/à/aller/si/dressée/pierre/cit./dite/paṛt

machi sonpatak əl sewo noh-ən kos kathi seŋki-n
comme/paume/acc./ériger/placer/rel 3/chose/pareil/exister/rel.3/

pawi ka i-ss-ta
pierre/suj./être/décl.//

Lex. 33 hanyaŋ 漢陽 ;tekwol 大闕 34.inwaŋ 仁王
NB.3I. tɛlo "comme,selon"; 32. pulə-ke "nommer = suffixe adverbial"
34. ka-myɔ "aller-si" ; sɔ-n "dresser + rel.3" ;sew-ɔ "ériger
+ voyelle de liaison"

(35).kəlo   nikka   cikəm   əi   hyonco toŋ   i-ta   //(36).Muhaktosa

ainsi /*comme* /maintenant/de/top./quartier/être/décl.//   np./

ka soŋ   əl ssah-ə-myo   salphyo- po-ni   kə sonpawi ləl

suj./murs/acc./construire/vl/quand/examiner/voir/quand/ce 2/roc/acc./

soŋ anccok əlo noh-ko   ssah-ə-myon,pul-kyo   ka həŋsoŋ

murs/dans/loc./placer/cont./construire/vl/si/bouddh-isme /suj./prospère/

hə-ci- l   kos i-ko   pawi ləl soŋ pakk e   tu-ko ssah-ə-myo

V/nom./rel.4/nom./être/cont./roc/acc./murs/hors/à/*placer/cont.*/construire/vl/
si/

pul-kyo   ka aph   əlo   soithoi hə-ci-l   kos   əlo po-ass-

bouddh-isme/suj./avenir/dans/déclin/V/nom./rel.4/nom./comme/voir/passé/

ta//(37) kəlɛso muhak ən ᵏ i sonpawi ka soŋ an-əlo təl- ke soŋ əl

décl.//alors/np./th./ce 1/roc/ suj./ murs/dans/entrer/adv./murs/acc./

ssah-tolok ha- la ”ko ,inpu   təl eke punpu ha-yoss-ta   //(38).

construire/but/V/imper./cit./ouvriers/pl./à/ordonner/V/passé/décl.//

i ttɛ   muhaktosa wa kathi chuksoŋkoŋ sacaŋ   əl tul.lo po-

ce 1/temps/np./avec/ensemble/construction/maître- artisan/acc./surveille:

toŋ coŋtocon ən muhak əi hyuŋcuŋ   əl mili   al-ko   //

rel.2/np./th./np./de/poitrine-dans/acc./d'avance/savoir/cont.//

Lex.toŋ 洞 ;pulkyo 仏教 ;hənson 興盛 ;soithoi 衰退

inpu 人夫 ; punpu 分付 ;chuksoŋkoŋ 築城工 ;sacaŋ 師匠

coŋtocon 鄭道傳;hyuŋcuŋ 胸中

(39).ani- o, kə kɔs əl soŋkwak pakk e tu-ko ssah-

non/poli/ce 2/chose/acc./murailles/hors/à/placer/cont./construire/

tolok hɛ -ya- ha -o ha -ko cucaŋ hɛ-ss-ta //

afin que/faire/oblig./faire/poli"/dire/cont./insister/V/passé/décl.//

(40).ili ha-yɔ tu salam əi əikyon i tɛlip toi-ke toi-ɔss-ta

décl/

ainsi/dire/susp./2/hommes/de/avis/suj./opposés/dev./adv./dev./passé/

(41).sɔlo caki cucaŋ əl nɛseu-ko cokəm to

mutuellement/soi-même/proposition/acc./présenter/cont./un peu/même/

caki əi əisa ləl kup.hi- ci anh-ass-ta // (42).kəlɛso tu salam

soi-même/de/opinion/acc./céder/nom./neg./passé/décl.// ainsi/2/hommes/

ən ip tathum əl pɔl .i- ko kyɔlcoŋ əl nɛli ~ ci mɔs-

pot

th./bouche/dispute/acc./ouvrir/cont./décision/acc./atteindre/nom./neg.

ha-ko iss-ɔss-ta //(43).kəlɔnte i ke ɔcci toi~ n il

V/cont./être/passé/décl.//alors/ ce1/chose/pourquoi/dev./rel,3/incident

inka //(44).ithən nal achim e ilɔna po-ni sɔul cuwi

on ne sait quoi//lendemain/jour/matin/à/se lever/voir/quand/top./autour

e machi soŋkwak moyaŋ əlo nun i nɛly-ɔss- nən te isaŋ

à/comme/muraille/façon/en/ neige/suj./tomber/passé/rel 1/ /étrange/

Lex. soŋkwak 城郭 ; cucaŋ 主張 ; əikyon 意見 ; tɛlip 対立

caki 自己 ; əisa 意思 ; moyaŋ 模様 ; isaŋ 異常

ha-ke to soŋ əl ssah -əl cali mankhəm ppeŋ tul.lo- so
V/adv./aussi/murs/acc./construire/rel.4 /place/ rond/entourer /part.

nun i nεli- n kɔs i-ta // (45).thεcu nən i kwaŋkyoŋ əl
neige/suj./tomber/rel.3/chose/être/décl.// np./th./ce 1/paysage/acc./

po-ko //(46)."i kɔs ən philsi hanəl i cicoŋ hε cu -si
voir/cont.//ce 1/chose/th./certainement/ciel/suj/désigner/V/accorder/hon.

n soŋkwak i ni la //(47).kəloni solo ipssiləm əl ha-ci-
rel.3/muraille/être/ind./ /; alors/mutuellement/dispute/acc./V/nɔm./

malko ,nun i nεli-n cali tεlo soŋ əl ssah- Ke
évitez!/neige/suj/tomber/rel.3/place/selon /murs/acc./construire/adv./

ha la ko myɔŋ hε-ss-ta .

(48) kəli ha-yɔ nun i nεli-n cali tεlo soŋ əl ssah-ən

kɔs i-n te sonpawi nən soŋ pakk əlo mil.lyo naka - ke toi-
chose/être/rel/ rɔc/th./murs/hors/loc./repousser/sortir/adv./devenir

ɔss-ta //(49) muhaktosa nən aph əlo pulkyo ka soi hε-ci -l
passé/décl.// np./th./avenir/dans/bouddhisme/suj/déclin/V/ nom./rel.4

kɔs i hanəl əi ttəs i-n Ka po-ta ha-ko thansik
chose/suj/ciel/de/intention/être/rel.3/ /voir/décl/V/cont./déplorer/

hε ma ci anh-ass-ta //(50). kwayon i co tte e nən
V/prohib./nom./neg./passé/décl.// vraiment/Li/dynastie/temps/à/ th./

___

45.
Le:.kwaŋkyoŋ 光景 49.
;sɔi 璽 50. kwayɔn 果然
49. thansik 歎息 49. i-n-Ka "certain, indéfini";

kolyo co tte   e pulkyo ka soŋ   he-so   manh- ən
np./dynastie/temps/à/bouddhisme/suj/prospérer/V/part./beaucoup/rel.3/

phyetan i iss-osston kos əl seŋkak   ha-yo chachəm pulkyo ləl
troubles/suj./être/rel.5/nom./acc./sentir/V/cont./peu à peu/bouddhisme/acc.

than.ap   ha-yɔss-ta   //
oppression/V/passé/décl.//

(51).cək   cuŋ əl coŋ an   əlo təl-o- o -ci - to   mos ha-ke
en fait/bonze/acc./murs/dans/loc/entrer/vl/venir/nom./même/neg.pot/V/adv.

ha-yo ;caŋ.an   eso nən cuŋ əi cachui ləl chach-a-pol su ops-
V/part./capitale/dans/th./bonze/de/traces/acc./trouver/vl/ /pot./neg/

ke toi-oss-ta   //(52).han pyon caŋ.an   eso toŋ puk əlo so iss-
adv/dev./passé/décl.//d'autre part/capitale/dans/est/nord/à/érigé/être

nən   hehwamun eso sip li ccəm ka nəlamyon ponli lako   ha-nən
rel.1/ top./ dans/dix/li/   /aller/afin de/top./cit./dire/rel.1/

kos i iss-nən te   yecon e nən pol.li lako ha- nən toŋli
lieu/suj/être/rel.1/renf./ jadis/à/th./top./cit./dire/rel.1/bourg/

yɔ- ss-ta nən kos i-ta//(53) kolyo tte e unkwanpiki ha-nən
passé/décl./ nom./être/décl.//np./époque/à/titre/ dire/rel.1/

chək e " i ssi   ka hanyaŋ e toəp ha-   lila " la -nən
livre/dans/Li/famille/suj/top./à/capitale/faire/imper./ cit./rel.1/

ye.on   i kice   toi-o- iss- oss-ta   nən kos i-ta//
prophétie/suj./enregistrer/dev./vl/être/passé/décl./rel.1/nom./être/
                                                              décl.

Lex. ⁵⁰soŋ 盛 than.ap 彈壓 phyetan 弊端 maux, malheur.
51.cək 即 caŋ.an 長安   52toŋpuk 東北 ;hehwamun 惠化门
53unkwanpiki 雲觀秘記 ye.on 豫言 ;kice 記載

(54).i kos əl a- n kolyo əi chuŋsuk waŋ ən hanyaŋ e nam
ce 2/chose/acc./savoir/rel.3/np./de/np./ roi/th./ top/ à/sud/

kyoŋ pu ləl sewo i ssi soŋ əl kacin salam əl
capitale/préfecture/acc/créer/Li/famille/nom/acc/ /homme/acc/

puyun əlo im.myoŋ he-ss-tə//
grade/en qualité de/nommer/V/passé/décl//

(55).kəloko səmkaksan mith e oyas-namu ləl manh-i sim-ke ha-yo
alors/top./ bas/en/pruniers/ acc./beaucoup/planter/adv/V/part./

kə namu ka calanaki man hamyon pe-o- puli-ko tto
ce 1/arbres/suj/pousser/seulement/V/quand/abattre/couper/cont./encore/

cala-myon· pe-o-poli-ko ha-yo i ssi soŋ əi ciki ləl
pousser/si/couper/ cont./V/part./Li/famille/nom/de/lieu-esprit/acc./

nul.lo-ss- ta nən kos i-tə// (56). kələsə i kos iləm i
opprimer/passé/décl./rel.1/nom./être/décl.//alors/ce 1/lieu/nom/suj./

pol li lo pul.liu- ke toi - oss-ta nən kos i-tə//
abattre/Li/cit./appeler/ passif/adv/dev./passé/décl./rel.1/nom./être/dé
cl.

(57).kə hu itheco ka təŋkək ha-yo hanyaŋ əlo toəp əl
ce 2/après/np./suj./monter sur le trône/V/part./ top./à/capitale/acc/

olm- ki ko pol.li lanən məəl əl pon li lako
transférer/nom./cont./ top./cit./village/acc./luxuriant/village/cit./

iləm əl kochyo-so pulə-tolok he-ss-ta ko con he -o-n-ta
nom/acc./changer/part./nommer/afin/V/passé/décl./cit/tradition/V/venir/
ind.(prés)/décl.

Lex. 54.chuŋsuk waŋ 忠肅王 ;namkyoŋpu 南京府 im.myoŋ 任命
soŋ 姓 57.hu 後 ;itheco 李太祖 ;təŋkək 登極
ponli 樊林里 con 傳 55. ciki 地氣
茗

La fondation de Séoul (Wansipli wa muhak tosa)

I.A la chute de la dynastie Kolyɔ ,Isɔŋke (I335-I408) monta sur le
trône sous le nom de Thɛco,premier roi de la dynastie des I (= Li)
de Cosɔn.Il abandonna Soŋto,la capitale de Kolyɔ,et choisit une
nouvelle capitale.(2) I Thɛco pensait que pour gagner le coeur du
peuple,et établir une nouvelle civilisation,il n'était pas bon de
conserver la vieille capitale.(3)Alors,il ordonna au bonze Muhak
("ignare"),habile géomancien,de tâcher de choisir l'emplacement de
la nouvelle capitale.(4) Ayant reçu l'ordre royal,Muhak quitta la
capitale Soŋ .et tourna ses pas vers le sud.(5)Tout en examinant
soigneusement les avantages de divers endroits,il atteint le Samkak
san "Mont tri-corne"(au nord de Séoul).(6) Il escalade de Samkaksan,
inspecte la situation géographique,redescend vers le sud,au lieu
dit aujourd 'hui Waŋsipli.(7)Ayant ainsi inspecté les avantages de
la situation,il se dit:-"ça va!cet endroit est tout à fait approprié
pour y déménager la capitale!(8) Retournons vite communiquer au roi
l'heureuse nouvelle!"(9)Il a donc décidé que ce lieu serait la capitale;sur le chemin du retour,le voilà qui entend un vieillard menant
un boeuf dire:(IO)-"Eh!espèce de boeuf stupide et lent! tu es comme
Muhak("ignare").(II) Pourquoi garder le chemin droit? essayons le
raccourci!"(I2)Ainsi disait-il.(I3)Entendant ce discours,Muhak ne
pouvait pas ne pas s'étonner.(I4)Examinant le vieux conducteur du
boeuf,(I5) il comprend aussitôt que ce n'est pas un vieillard ordi-
naire;il le rattrape,se prosterne à terre,le saluant:(I6)-"Excusez-
moi,j'ai une prière à vous faire!"(I7) Le vieux,sans se retourner,
dit:-(I8)"Quel est ce discours?" et continue à mener son boeuf.
(I9) Muhak,derechef,le rattrape.(20)-"D'après ce que je viens
d'entendre,vous avez dit au boeuf qu'il était stupide et lent

comme Muhak.Il me semblait qu'ici,il serait bon d'établir la nouvelle capitale.Qu'en pensez-vous ?dites-moi votre avis,je vous prie!" (2I)Ayant parlé,il se tut.(22)-"Comment pourrais-je le savoir?"(23) Le vieillard,comme avant,s'en allait conduisant le boeuf,quand Muhak de nouveau se prosterne devant lui,réitère sa prière.(24)Le vieux s'arrête.(25)-"Va à dix li d'ici!" dit-il en montrant de la main la direction.(26)Muhak remercie beaucoup,se prosterne,s'agenouille.(27) Alors,il marche dix li dans la direction indiquée par le vieux,arrive à un endroit entouré de montagnes escarpées des quatre côtés,comme une forteresse.(28)Ce lieu précis est de nos jours à l'intérieur de Séoul.(29)-"C'est le meilleur endroit pour la capitale"(30)pensa-t-il,admiratif.(3I)Muhak revient aussitôt à Soŋto.Li Thɛco décida de déplacer la capitale à l'endroit indiqué par Muhak.(32)Alors,cet endroit prit le nom de Waŋsipli,parce-que le vieux conduisant le boeuf avait répondu à Muhak -"Marche dix li!" (33)Pour cela,on fixa la capitale à Han Yaŋ (ancien nom de Séoul);on fit construire le palais royal,et des murailles autour.(34)Au pied du mont Inwaŋ se dressait droit comme un bras,un roc nommé sɔnpawi.(35) Actuellement,c'est dans le quartier de Hyɔncɔtoŋ .(36)Muhak considère que si ce roc est intégré dans l'enceinte,le bouddhisme prospérera;mais si il est laissé à l'extérieur,le bouddhisme finira par décliner.(37)Alors,Muhak ordonne aux ouvriers:-"Construisez ces murailles de façon que ce roc soit à l'intérieur!"(38)A ce moment,Cɔŋtocɔn (confucianiste) qui surveillait les ouvriers en même temps que Muhak,comprit son intention.(39)-"Non!" insista-t-il,"placez cette chose hors des murailles!"(40)Ainsi se confrontaient les avis des deux hommes.(4I) Aucun des deux ne voulait céder à l'autre.(42)Ils eurent des mots: impossible d'arriver à une décision.(43)Alors ,on ne sait comment, un événement survint :(44)Le lendemain matin,au réveil,de la neige était tombée,entourant merveilleusement la future capitale.(45)Thɛco à ce spectacle,dit:(46)-"Certainement,le ciel nous désigne ainsi l'

emplacement des murailles.(47)Cessez donc de vous quereller!que l'on
édifie aussitôt les murailles là où la neige est tombée!"Tel fut son
ordre.(48)Alors,on construisit les murs là où la neige était tombée,
le roc sɔnpawi resta dehors.(49)Muhak,voyant que l'intention du ciel
était le déclin futur du bouddhisme,soupira.(50) Et de fait,sous les
Li,le bouddhisme(qui avait prospéré et causé des troubles sous la
dynastie Kolyɔ),se vit graduellement opprimer.(5I)Les bonzes se vi-
rent interdire l'accès de la ville;plus trace de bonze dans la capitale!(52)D'ailleurs,au nord-est de la capitale,à dix li de la porte
Hehwa,se trouve un lieu dit Pɔnli,jadis nommé Pɔl.li("abattre les
Li").(53)Sous Kolyɔ,dans l'ouvrage intitulé "Mémoires secrets de Un-
kwan",cette prophétie était enregistrée:"La famille Li établira sa
capitale à Han Yaŋ ".(54)Ayant su cela,le roi Chuŋsuk de Kolyɔ fit
de Han Yaŋ la préfecture de Namkyɔŋ;y nomma un homme de la famille
Li.(55)Ensuite,au pied du mont Samkak,il fit planter beaucoup de pruniers;quand ils grandissaient,il les faisait abattre : ceci pour
abattre l'esprit des lieux (les pruniers sont le symbole,homonyme
des Li).(56)Ainsi,cet endroit reçut le nom de Pɔl.li "abattre les
Li".(57)Ensuite,quand Li Thɛco monta sur le trône,ayant transféré
sa capitale à Han Yaŋ ,il changea le nom du village Pɔl.li en
Pɔn.li "village luxuriant" dit-on.